**A construção social
da subcidadania**

Jessé Souza

A construção social da subcidadania

Uma leitura alternativa do Brasil moderno

1ª edição

Rio de Janeiro
2023

Copyright © Jessé Souza, 2023

Todos os direitos reservados. É proibido reproduzir, armazenar ou transmitir partes deste livro, através de quaisquer meios, sem prévia autorização por escrito.

Este livro foi revisado segundo o Acordo Ortográfico da Língua Portuguesa de 1990.

Direitos desta edição adquiridos pela
EDITORA CIVILIZAÇÃO BRASILEIRA
Um selo da
EDITORA JOSÉ OLYMPIO LTDA.
Rua Argentina, 171 – São Cristóvão, Rio de Janeiro, RJ
20921-380 – Tel.: (21) 2585-2000.

Seja um leitor preferencial Record.
Cadastre-se no site www.record.com.br
e receba informações sobre nossos lançamentos e nossas promoções.

Atendimento e venda direta ao leitor:
sac@record.com.br

CIP-BRASIL. CATALOGAÇÃO NA PUBLICAÇÃO
SINDICATO NACIONAL DOS EDITORES DE LIVROS, RJ

S715c   Souza, Jessé
        A construção social da subcidadania : uma leitura alternativa do Brasil moderno / Jessé Souza. - 1. ed. - Rio de Janeiro : Civilização Brasileira, 2023.

        ISBN 978-65-5802-104-9

        1. Sociologia política. 2. Brasil - Condições sociais. 3. Cidadania - Brasil. 4. Exclusão social - Brasil. 5. Igualdade - Brasil. I. Título.

23-84659   CDD: 305.50981
                CDU: 316.344.2(81)

Meri Gleice Rodrigues de Souza - Bibliotecária - CRB-7/6439

Impresso no Brasil
2023

Para Elza, minha mãe.

Sumário

PREFÁCIO 9

INTRODUÇÃO 13
O que significa, afinal, "ser gente"?

PARTE I
A reconstrução da ideologia espontânea do capitalismo 31

1. A hermenêutica do espaço social para Charles Taylor 35

2. Pierre Bourdieu e a reconstrução da sociologia crítica 55

3. Taylor e Bourdieu ou o difícil casamento entre moralidade e poder 79

PARTE II
A constituição da modernidade periférica 111

4. A singularidade da nova periferia 113

5. A constituição do poder pessoal: patriarcalismo e escravidão 123

6. A constituição do poder pessoal: o dependente formalmente "livre" 147

7. Do poder pessoal ao poder impessoal 157

8. A Revolução de 1930 e a formulação de um projeto modernizador autônomo e nacional 177

PARTE III
A construção social da subcidadania   183

9. O processo de modernização periférica e a constituição de uma "ralé" estrutural   185

10. A ideologia espontânea do capitalismo tardio e a construção social da desigualdade   201

11. A especificidade da desigualdade periférica   217

REFERÊNCIAS BIBLIOGRÁFICAS   231

Prefácio

Antes de reler este livro, escrito há mais de vinte anos, para esta nova edição da Editora Civilização Brasileira, imaginei que teria o trabalho de reescrever partes do texto, fosse para corrigir interpretações equivocadas, fosse para torná-lo mais claro e objetivo. Na lida desse retrabalho, percebi, no entanto, que isso não seria necessário. Ainda que, efetivamente, com relação a um ou outro ponto específico, eu tenha hoje outra opinião, decidi mantê-lo na sua versão original, posto que me reconheço no livro inteiramente até hoje. Também a linguagem da época, escrita para estudiosos, pode ser compreendida por qualquer interessado com boa vontade.

Este livro é, juntamente com *A modernização seletiva*, de 1999, meu primeiro trabalho "maduro". Ou seja, o primeiro que não se dedicou a interpretar outros autores, mas sim buscou responder a uma grande questão que marca minha própria trajetória como intelectual: qual é, ao fim e ao cabo, a singularidade da sociedade brasileira. Afinal, sem compreender como a sociedade funciona não se pode transformá-la em algo melhor. Não basta a boa intenção; precisa ser uma intenção instruída e refletida para produzir efeitos reais na vida prática das pessoas.

Como nunca compreendi a história brasileira como uma singularidade cultural absoluta, do mesmo jeito como fizeram 99% dos intelectuais brasileiros, sempre achei que para ler o Brasil é necessário investigar, antes de tudo, o racionalismo ocidental como um todo – e o capitalismo como parte intrínseca desse todo. Por conta disso, utilizo alguns dos teóricos contemporâneos mais importantes, não para repetir suas ideias como um ventríloquo ou para enfeite pessoal, mas para me ajudar a interpretar o Brasil de modo alternativo e novo. Conhecimento novo este que, ao mesmo tempo, permitisse denunciar o pensamento conservador anterior e estimulasse a transformação crítica do injusto e desigual Brasil de hoje.

Sempre vi como perfeitamente possível compreender uma totalidade social complexa. Basta que saibamos quais são as questões mais importantes que hierarquizam e subordinam todas as outras questões secundárias. O meu treino e estudo de muitos anos na obra de alguns dos grandes pensadores críticos, como Max Weber, Charles Taylor, Jürgen Habermas ou Pierre Bourdieu, havia me ensinado que a questão da "legitimação da ordem social" é a questão mais importante entre todas, posto que é o que torna possível que um mundo social injusto possa ser visto e aceito como o único possível pela maioria das pessoas. Essa é a questão mais importante posto que é ela que possibilita que a sociedade exista no tempo e se reproduza. E todas as sociedades existentes são injustas a sua maneira. Perceber como uma sociedade se legitima e se justifica é, portanto, a chave mestra para abri-la e mostrar as suas entranhas.

Essa justificação pode ser em parte explícita, contudo, sempre está acompanhada de uma legitimação implícita e não refletida enquanto tal pelas pessoas comuns. Reconstruir as bases da legitimação implícita da vida cotidiana de uma sociedade injusta como a brasileira é a intenção deste livro. A reconstrução crítica que faço do conceito de *habitus* em Bourdieu serve precisamente a esse objetivo. É essa legitimação implícita e não consciente para as pessoas que vai comandar silenciosamente a relação entre classes e grupos sociais entre si, garantindo o privilégio de alguns e o desprezo continuado de outros. De certo modo, todos os outros trabalhos que fiz, estudando empiricamente as relações entre as classes sociais no Brasil, remetem à discussão originalmente realizada para escrever este livro.

A minha ambição foi colocar a reflexão social brasileira em outro patamar de sofisticação teórica e prática, a partir de um diálogo pro-

PREFÁCIO

dutivo e estimulante com o trabalho dos grandes pensadores críticos mundiais. Daí a crítica recorrente que faço ao viralatismo da inteligência brasileira dominante que absorve de forma servil, acrítica e colonizada o que se produz na Europa e nos Estados Unidos. Pior, esse conhecimento é percebido como um fim em si, como mero adorno pessoal, de quem utiliza o conhecimento como os ricos utilizam o dinheiro: para fins de distinção social e humilhação do outro. Para mim, ao contrário, o conhecimento é uma arma prática para mudar a forma como uma sociedade se percebe e, assim, aperfeiçoá-la. Afinal, para descolonizar a prática social é necessário antes de tudo descolonizar o espírito.

***

A questão da legitimação da ordem social existente vai comandar, também, as relações entre as classes sociais de uma sociedade. É isso o que vai dizer quem vai ter privilégios e quem vai ser excluído e humilhado justificando a desigualdade fática. Nesse sentido, existe uma divisão de trabalho, clara na minha obra, entre os estudos que investigam a singularidade da justificação da sociedade brasileira, e os livros mais empíricos que estudam as classes sociais no Brasil e suas inter-relações. Os exemplos mais atuais do primeiro aspecto são os dois livros recentemente publicados pela Editora Civilização Brasileira em 2022, *Brasil dos humilhados* e *A herança do golpe*.[1] Neles, procuro decifrar as ideias hegemônicas construídas pela elite e seus intelectuais para justificar uma sociedade perversa e desigual.

Nos livros sobre as classes sociais, que começou com o estudo dos mais pobres, marginalizados e excluídos entre nós, os quais denominei provocativamente de "ralé brasileira" – também recentemente reeditado pela Editora Civilização Brasileira[2] –, analiso o efeito dessas ideias hege-

---

1 Jessé Souza, *Brasil dos humilhados*, 2022c; Jessé Souza, *A herança do golpe*, 2022a.
2 *Idem, A ralé brasileira*, 2022b.

mônicas sobre o povo brasileiro, retirando sua autoestima e culpando a própria vítima pela sua pobreza. O outro aspecto importante dos livros empíricos é analisar as regras implícitas que comandam verdadeiramente a relação entre as classes sociais e suas relações de comando e de subordinação.[3]

Nos dois casos, no entanto, o presente livro é a chave mestra para a compreensão das regras sociais que moldam a sociedade como ela efetivamente é, e não a forma como é espelhada nas constituições e códigos jurídicos. Existem regras sociais conscientes, refletidas e imaginadas, que quase sempre derivam de uma compreensão superficial da sociedade, e existem regras pré-reflexivas que todos obedecemos sem saber o que estamos fazendo. Normalmente essas são as regras mais importantes. O presente livro permite compreender o caminho que percorri para compreender esta dimensão, ao mesmo tempo, mais profunda e mais decisiva de nossa sociedade.

---

3 *Idem, Como o racismo criou o Brasil*, 2021.

Introdução

O que significa, afinal, "ser gente"?

Os exemplos de desrespeito à dignidade mínima das pessoas são noticiados todos os dias pela imprensa. Qualquer pessoa, com olhar atento, pode observar no seu dia a dia inúmeros casos de abandono, humilhação e desprezo contra os mais diferentes indivíduos ou grupos. Embora os negros, em um país racista e escravocrata como o Brasil, sejam mantidos na base da escala social há séculos, não são apenas os negros a serem tratados como se não fossem "gente", ou seja, sem respeito a sua humanidade. As mulheres, os pobres em geral, os LGBT, os indígenas, os portadores de deficiência e os idosos também têm a sua dignidade humana cotidianamente desafiada. O racismo "racial" é apenas a forma mais visível de opressão.

Como os humilhados são muitos, e assim são por razões aparentemente tão diferentes, a questão mais importante para compreender a desigualdade e toda forma de injustiça social é saber, portanto, o que causa essa avaliação diferenciadora das pessoas. O que faz com que algumas sejam respeitadas e admiradas e outras desprezadas e perseguidas? Essa é a questão central para se saber como funciona uma sociedade. É a questão decisiva também, inclusive, para podermos comparar as sociedades entre si. Não pelo PIB, que é pouco relevante para tal, mas sim pela forma como as pessoas se tratam entre si. É isso que vai fazer um PIB ser bem ou mal distribuído mais tarde. Afinal, existem sociedades que valorizam cada um de seus membros, sendo, portanto,

A CONSTRUÇÃO SOCIAL DA SUBCIDADANIA

mais igualitárias e justas do que outras. O que faz com que sociedades inteiras tratem de modo tão distinto seus membros?

Essas duas questões interligadas, o que produz o respeito à humanidade das pessoas e por que algumas sociedades são mais justas do que outras, é o tema deste livro. É importante notar que este tema é normalmente muito mal compreendido. E não apenas por pessoas comuns, mas também pela imensa maioria dos especialistas e intelectuais. Vivemos uma época do "culturalismo", desde o início do século XX, que tende a perceber o ser humano como produto de uma "cultura nacional" específica. Em parte, isso é verdade, mas apenas em uma pequena parte. Este não é sequer o aspecto principal. Senão, vejamos.

Nós, brasileiros, por exemplo, fomos todos criados na crença de que o Brasil vem de Portugal e que temos uma herança "cultural nacional" maldita por conta disso. Pobreza relativa, dificuldade do convívio democrático com diferentes e uma corrupção sistêmica (só da política), são algumas das crenças que parecem ser eternas para os brasileiros por conta de sua "herança cultural". Os americanos, por outro lado, possuem uma crença diametralmente oposta. Eles acreditam, que, também por força de uma "herança cultural nacional", são o povo mais honesto, eficiente e produtivo do mundo além de terem supostamente inventado a democracia.

Como são as elites que constroem e disseminam a crença social dominante numa sociedade, a elite americana construiu a imagem necessária para legitimar moralmente seu domínio nacional e mundial. Nada do que a elite americana defenda é considerado "corrupção" simplesmente porque ninguém, nenhuma TV, nenhum filme, nenhum jornal nem nenhuma rede social, "chama" de corrupção. Mas o privilégio financeiro americano no mundo de hoje é perpassado por práticas corruptas o tempo inteiro. A existência de paraísos fiscais para possibilitar a evasão de impostos por parte da elite americana e de suas elites aliadas, é uma imposição do capitalismo financeiro americano que a Europa,

INTRODUÇÃO

apesar de tentar, nunca conseguiu regular.[1] Os paraísos fiscais servem também para lavar todo o dinheiro sujo do mundo, já que não fazem distinção entre dinheiro advindo de crimes ou não. Existe corrupção mais global, mais importante e mais profunda do que essa?

No Brasil, a suposta herança cultural e nacional maldita da córrupção serve apenas e simplesmente para criminalizar o voto e os líderes populares do povo oprimido. Daí que a corrupção seja vista, entre nós, sempre como "política", e nunca como produto da elite econômica que controla o Banco Central e explora a população com uma suposta dívida pública jamais auditada.[2] Como toda a imprensa pertence a esta mesma elite, a lorota da corrupção apenas política é utilizada seletivamente contra líderes populares como Getúlio Vargas e Lula para manter e reproduzir indefinidamente o assalto elitista de toda a população. Como apenas o povo e seus líderes são percebidos como corruptos, a dominação elitista é "moralizada" como suposta defesa do patrimônio público. Na verdade, é a elite que assalta tanto o orçamento público com juros escorchantes, quanto quem se locupleta de privatizações do patrimônio público por preço vil. A nossa suposta "herança cultural nacional" foi criada para invisibilizar o assalto da elite e culpar o próprio povo pela pobreza. É para isso que serve o "culturalismo nacional", para subordinar simbolicamente, por meio de ideias envenenadas, a população à elite econômica. O culturalismo como linguagem da dominação – substituinte do antigo "racismo racial" pelo "racismo cultural", que finge não ser racista, mas é utilizado precisamente para estigmatizar as mesmas pessoas e sociedades oprimidas pelo racismo racial anterior – se faz presente tanto em cada país

---

1 França e Alemanha, por exemplo, nas reuniões do G7 em 2011 e 2012, pressionaram Barack Obama para regular os paraísos fiscais, que minam a capacidade de arrecadação das economias nacionais, sem terem obtido qualquer resultado concreto.

2 Getúlio Vargas foi o último presidente que realizou uma auditoria da dívida pública, procedimento que a reduziu significativamente.

A CONSTRUÇÃO SOCIAL DA SUBCIDADANIA

como na arena global como um todo.[3] Quem detém o monopólio da dominação e da violência simbólica, detém também a riqueza material.

Mas se as pessoas, na realidade, não são formatadas na sua singularidade por tradições culturais "nacionais", que legitimam apenas o poder de fato das elites dominantes, como esclarecer seu comportamento prático? Essa é a questão central do livro que ora apresento ao público. Abordei em outros livros a função de legitimação da dominação elitista cumprida pela "identidade nacional brasileira" dominante.[4] Mas a questão persiste: se não somos formatados na nossa humanidade específica por força de uma suposta cultura nacional, como se forma aquilo que somos? O que está "dentro de cada um de nós" que faz com que alguns sejam percebidos como "dignos" e outros como "indignos"? Por que alguns são admirados e outros desprezados?

Para responder a esta questão precisamos compreender a "cultura" para além de seu conteúdo nacional e ideológico. Na verdade, a "cultura" está entranhada em nós mesmos de tal modo que não temos, normalmente, o distanciamento necessário para percebê-la. Afinal, nós "somos" o que essa cultura invisível fez "conosco". Para compreender como se dá essa introjeção da dimensão social na dimensão individual é preciso perceber como nós somos produtos da força de certas instituições. Como não compreendemos como as instituições funcionam, não compreendemos também quem nós somos. Simples assim. A instituição da família, por exemplo, pode nos ensinar muito sobre isso. Cada criança é "formatada" a partir da influência do pai e da mãe ou de quem quer que exerça esta função. Assim, especialmente entre o zero e os três anos, precisamente a época de que ninguém se lembra quando adulto, a criança "incorpora", ou seja, torna corpo e reflexo automático, a forma como os pais percebem e avaliam o mundo em todas as suas

---

3 Ver Jessé Souza, *Como o racismo criou o Brasil*, 2021.
4 Jessé Souza, *Brasil dos humilhados*, 2022c; Jessé Souza, *A herança do golpe*, 2022a.

dimensões. Essa influência é tão decisiva que os adultos vão ter que lutar durante toda a vida, para criticar duas ou três coisas dessa herança infantil, quase sempre sem sucesso visível. Em grande medida seremos assombrados a vida inteira pela herança infantil familiar.

A imensa maioria das pessoas não possui a menor ideia de que foi construído por uma herança familiar específica. Como ninguém se lembra de como as ideias que possui foram, na verdade, implantadas na sua cabeça e no seu corpo, de modo a fundamentarem um comportamento imediato irrefletido pela experiência infantil, as pessoas imaginam, ingenuamente, que produziram conscientemente as ideias que possuem e que determinam seu comportamento prático. Esta é, na realidade, a grande dificuldade para a compreensão dos segredos da vida social. Todos nós possuímos uma "personalidade profunda" que nos é "inconsciente", ou seja, foi formada de modo pré-reflexivo e automático, na socialização familiar e escolar, que é, na verdade, nossa personalidade verdadeira, posto que espelha aquilo que somos realmente e que explica nosso comportamento real. Mas todos nós temos também uma "personalidade superficial", que é aquilo que imaginamos ser ou gostaríamos de ser, as ilusões e fantasias que construímos para nós mesmos, para tornar a única vida que temos mais palatável e possível de ser vivida.

Pierre Bourdieu talvez tenha sido o pensador que mais contribuiu, na sociologia, para a percepção deste "eu profundo e inconsciente" que explica, inclusive, por que o nosso comportamento prático é tão distinto do que afirmamos em palavras e está de modo consciente em nossa cabeça. A extraordinária distância que existe na vida cotidiana de cada um de nós entre o que somos realmente – e que se manifesta apenas no nosso comportamento real – e aquilo que imaginamos ser nas nossas fantasias cotidianas que existem apenas na nossa cabeça, é a prova cabal do valor determinante desse "eu profundo" que Bourdieu vai denominar de *habitus*. A "identidade nacional", criticada acima, é uma dessas formas que comandam a percepção da personalidade superficial das pessoas, mas não a única. A imprensa, as redes sociais de hoje, o cinema, e toda a indústria cultural homogênea e pasteurizada se destinam a dominar essa esfera consciente da personalidade e a fingir que ela é a única existente.

No entanto, se somos formados na nossa "personalidade profunda" ou *habitus*, como prefere Bourdieu, antes de tudo, na família, é preciso levar em conta que não existe a "família" no singular. *Cada classe social vai formar uma espécie muito particular de família e, portanto, de indivíduo.* Isso acontece porque a classe social é, antes de tudo, reprodução de uma situação familiar e escolar específica que passa de geração a geração. Ninguém pode transmitir aquilo que não aprendeu. Como todos os indivíduos vão ser formatados por uma herança familiar que lhe é "inconsciente", a produção de indivíduos diferencialmente capacitados para a competição social pode ser silenciada. É este silencio que mantém a falácia do mérito pessoal como a principal crença da sociedade moderna. Como todo mérito individual foi formado ou possibilitado socialmente, é o silenciamento das diferentes situações de classe de cada um que permite a crença de um sucesso criado do nada para alguns e a pecha de fracassados para outros.

Já podemos ver aqui que o valor relativo de cada um é determinado de modo opaco, e não percebido conscientemente por sua situação de classe específica. Que valor é este e como ele se forma? O primeiro ponto e o mais importante é a valorização moderna do trabalho. Ainda que o protestantismo tenha sido o parteiro desta ideia no século XVI, quando o capitalismo se constituiu, a partir do século XVIII, e se expandiu globalmente, a valorização do trabalho útil e produtivo passou a desempenhar o papel central na determinação do valor relativo de cada indivíduo em todas as sociedades capitalistas.

Comecemos por examinar o trabalho e sua importância paradigmática para a autoestima de cada um de nós. Aqui já vemos o contexto de mútua dependência entre a esfera individual e a social. Uma não existe sem a outra; elas se enfraquecem ou se fortalecem mutuamente. Ao ligar a noção de trabalho à de valor individual, o protestantismo não só desvalorizou o ócio e a contemplação não produtiva como nivelou todas as mulheres e todos os homens, colocando o *desempenho diferencial* no trabalho, e não mais o nascimento e o sangue, como o elemento decisivo para a construção do valor do indivíduo.

Esse *valor individual*, pela mútua relação entre indivíduo e sociedade, tem um aspecto interno e externo. O aspecto interno é um sentimento de valor básico e existencial que nos habilita a estar no mundo sem vergonha e com confiança. Ninguém nasce com isso. É algo que, agora, todos temos que conquistar com esforço através do trabalho. Aqui, no entanto, não está em jogo apenas nossa autoestima. O reconhecimento social dos outros em relação a nós também depende de nossa capacidade de contribuir para o bem comum do qual todos participam. Tanto isso é verdade que a progressiva extensão dos direitos políticos aos trabalhadores se deu, historicamente, a partir do convencimento público de sua participação e contribuição na construção da riqueza geral.

O princípio da afirmação da vida cotidiana e a importância paradigmática do trabalho têm a ver, portanto, com o potencial democrático da revolução protestante que funda o Ocidente moderno. Charles Taylor vai chamar o conjunto de ideais que se articulam nesse contexto de "princípio da dignidade".[5] Dignidade vai designar, portanto, a possibilidade de igualdade tornada eficaz, por exemplo, nos direitos individuais potencialmente universalizáveis. Em vez da honra pré-moderna, que pressupõe distinção e é, portanto, privilégio de uns poucos, a dignidade pressupõe um reconhecimento universal entre iguais e pode ser generalizada.

---

5 Charles Taylor, "The Politics of Recognition", 1994.

A CONSTRUÇÃO SOCIAL DA SUBCIDADANIA

Este sentimento de dignidade é produto, antes de tudo, da subordinação do corpo à mente. Agora nos orgulhamos do autocontrole e da disciplina que nos impomos, não mais como obediência a Deus, mas para a realização *racional* de nossos próprios objetivos. Mas não apenas controlamos e subordinamos nossa própria natureza interna. Passamos a controlar e a subordinar também toda a natureza e a realidade exterior. Na história das ideias, esse passo foi dado por Descartes, ao objetificar toda a realidade exterior em relação à mente – seja nosso corpo, seja a natureza. Libertar-se da concepção que mistura mente e matéria é compreender esta última de maneira instrumental, é desencantá-la. O desencantamento da matéria – tanto da natureza quanto da realidade exterior – e sua subordinação em relação à razão do indivíduo é um pressuposto do nosso próprio senso moderno de dignidade da pessoa humana enquanto ser racional. Esse tema torna-se central em Kant, mas Descartes já se movia nessa direção.

Compreendemos melhor, então, a radicalidade e a importância dessa mudança em relação ao mundo antigo. Existe aqui uma transposição da ética aristocrática grega e romana da glória e da fama, algo que se conquistava no espaço público, na ágora, nas campanhas militares, para o interior da mente, engendrando uma forma qualitativamente nova de produção de nossa própria autoestima – também agora de algum modo subjetivada, e não mais apenas algo "para os outros". Há uma mudança, enfim, nos termos e na forma como a virtude é concebida.[6]

É de importância fundamental notar aqui que a nova ideia de sujeito é instrumental, ou seja, ele é, antes de tudo, uma forma do que um conteúdo. É isso que se quer dizer quando se diz que a racionalidade deixa de ser substantiva. Dito de outro modo: o que é importante nela é precisamente seu caráter plástico e moldável, o fato de que pode ser usada para a realização dos mais variados fins e objetivos. Assim,

---

6 *Ibidem.*

INTRODUÇÃO

a tríade *disciplina, autocontrole e pensamento prospectivo, ou seja, uma economia emocional e uma racionalização da condução da vida peculiares* é o que constitui a noção de sujeito moderno.[7] Um sujeito autocontrolado e disciplinado, capaz de renunciar no presente em nome de um ganho futuro – que é o que, antes de tudo, o "pensamento prospectivo" significa –, pode idealmente implementar qualquer fim ou objetivo na realidade externa. Em outras palavras: esse indivíduo é o instrumento perfeito para a realização de qualquer fim econômico, social ou político. Ele não *é, em si*, substancialmente, mais nada particular, mas pode ser moldado e utilizado para qualquer fim.

Em um contexto como o da sociedade moderna ou capitalista, em que os fins e objetivos já estão decididos de antemão para a imensa maioria das pessoas, esse é o sujeito social perfeito. Idealmente, ele ou ela será capaz de alta produtividade em qualquer área da divisão social do trabalho. Como sua própria autoestima, além do reconhecimento dos outros, depende disso, ele ou ela tenderá a empregar todas as suas energias na mais perfeita realização daquilo que se espera dele ou dela.

Esse ponto é fundamental. O sujeito racional moderno é, portanto, um *habitus*, ou seja, uma certa forma de economia emocional "pré--reflexiva", que implica controle dos afetos e cálculo de nossas chances futuras. Vejam bem, caro leitor e cara leitora, aqui não importa tanto sua substância ou seu conteúdo, ou seja, *quem* você é, se é sensível ou não, generoso ou mesquinho, apaixonado ou frio. O que importa é se é possível contar com a sua energia produtiva – com sua disciplina, seu autocontrole e seu pensamento prospectivo – como uma peça útil na divisão social do trabalho. Essa é a base de respeito mínimo para o valor individual socialmente produzido, uma espécie de "*habitus* disciplinar mínimo" exigido para que exista o respeito interpessoal necessário tanto para a vida produtiva quanto para a vida democrática.

---

7 Reinhard Kreckel, *Politische Soziologie der sozialen Ungleichheit*, 1995.

A CONSTRUÇÃO SOCIAL DA SUBCIDADANIA

Este *"habitus* disciplinar mínimo" é de importância decisiva tanto no mundo da economia – para a ideia de produtor útil – quanto na política – para a noção de cidadão. No mundo do trabalho, sem esse *habitus*, não existe o aprendizado de uma profissão nem produtividade, muito menos trabalho bem-feito. No mundo da política, não existe a possibilidade de perceber racionalmente os próprios interesses, que é o que a noção de "cidadania" exige, nem o ganho em autorreflexividade que o autocontrole enseja e muito menos a dimensão do futuro que o cálculo prospectivo inaugura.

Embora todas as características da tríade – disciplina, autocontrole e pensamento prospectivo – que compõe o *"habitus* disciplinar" tenham a ver com modelações e complementos da disciplina, o pensamento prospectivo é um elemento extremamente interessante. É ele que cria a própria dimensão do futuro como um afazer racional. Afinal, sem planejamento prévio não existe literalmente "futuro", mas sim um presente eterno. Em certo sentido o pensamento prospectivo cria também, pela primeira vez, o indivíduo racional, ou seja, aquele que pode "racionalizar a condução de sua vida prática" em nome de um fim escolhido pelo indivíduo em questão e que implica a visada e a projeção de um futuro provável. Vamos ver como, inclusive, os indivíduos e as classes sociais que não logram incorporar o pensamento prospectivo na condução de vida prática dos seus indivíduos estão condenados a uma vida literalmente "sem futuro".

Todos nós, sem exceção, vamos admirar, antes de tudo, as pessoas que incorporam um *habitus* disciplinar como definido acima. Aqui não importa se a pessoa é flamenguista ou botafoguense, sentimental ou fria, liberal ou comunista. Não é isso que comanda nosso respeito mais básico e existencial. O respeito social é, portanto, conferido a certa forma de "economia emocional do sujeito", e não a valores explícitos. Nós admiramos nas pessoas um certo arranjo psicossocial que permite a autodisciplina. E a disciplina é a base de todos os papéis sociais

INTRODUÇÃO

importantes como o de produtor útil e de cidadão. Por exemplo, na vida cotidiana, alguém que fala de maneira ponderada, que respeita o espaço alheio, que é gentil e cortês, que não fala alto nem chama atenção para si mesmo sem motivo é visto por todos com simpatia e respeito. São valores sociais compartilhados que se impõem à consciência de todos nós. Desse modo, o real contato social que permite a avaliação de uns pelos outros como digno de respeito ou desprezo se dá de modo invisível à nossa consciência. São as interações imediatas e a visibilidade da linguagem corporal e expressiva que forma nossa simpatia ou antipatia com os outros. Como os modos de ser e de se exprimir corporalmente são todos ligados à classe social, e à socialização familiar típica de cada classe, nossas simpatias estão pré-determinadas pela nossa situação de classe. Não é à toa que nos casamos e temos amigos da mesma classe social.

Inversamente, também todos nós vamos desprezar quem não possui esse *habitus*. Esse desprezo a quem falta o *habitus* disciplinar, independe de se temos ou não um bom coração. O canalha que humilha o pobre com um tipo de "*habitus* precário", e a pessoa de bom coração que tem compaixão por ele, são apenas duas faces de uma mesma moeda, afinal só sentimos pena de quem sabemos que é objetivamente inferiorizado. Embora a reação do canalha e do cidadão sensível seja muito diferente, o que se impõe igualmente aos dois é a condição de inferioridade objetiva daquela pessoa.

Este é o ponto central deste livro. Nós imaginamos, ingenuamente, que avaliamos a nós mesmos e aos outros por causas conscientes e refletidas. Tipo: eu gosto de fulano porque é leal e correto, e não gosto da fulana porque ela não é confiável. Por conta disso pensamos em "dignidade" e respeito social como produtos de certas qualidades morais intrínsecas da pessoa. Mas isso não é verdade. Nós já gostamos ou não de uma pessoa pela expressão corporal que denuncia, antes de qualquer reflexão consciente, uma simpatia ou antipatia que depende

A CONSTRUÇÃO SOCIAL DA SUBCIDADANIA

da posição social na qual estamos inseridos. É necessário se apropriar desse mundo pré-reflexivo de percepções e avaliações imediatas que perfaz, na realidade, ao contrário do que imaginamos, a dimensão mais importante da vida social.

Afinal, o *habitus* se mostra a cada um de nós pelas formas do corpo, pelos movimentos, pelo ritmo da fala ou do andar. Sabemos a classe social de uma pessoa pela forma como ela fala ou se comporta e se veste, sem que haja necessidade de a pessoa em questão expressar uma palavra sequer. O *habitus* como expressão espontânea do corpo não precisa ser linguisticamente mediado. Inclusive, a dimensão mais importante do trato intersubjetivo cotidiano é espontânea e imediata sem reflexão e sem assumir a forma linguística explícita. Isso é importante, já que implica que nossas avaliações sobre nós mesmos e a avaliação dos outros se imponham quer queiramos ou não. De certa maneira, é o corpo – e suas infinitas formas e expressões – o principal meio como nos percebemos e percebemos os outros.

O nosso corpo age e esta ação é o componente decisivo para sabermos de que tipo de pessoa se trata. O que está de modo refletido e consciente na nossa cabeça é, quase sempre, uma fantasia que criamos para tornar a vida possível e minimamente justificável. Isso não implica, obviamente, que todas as interações sociais sejam imediatas e visíveis no cotidiano. Como as mesmas estruturas de percepção e avaliação das pessoas estão embutidas na eficácia das instituições sociais, seremos todos julgados pelo Estado ou pelo mercado e por todas as burocracias públicas e privadas segundo um mesmo princípio.

É por conta disso que o *"habitus* disciplinar", que é apanágio de todas as classes sociais incluídas no mercado de trabalho competitivo e na vida social, inclusive da classe trabalhadora, é o componente mais importante para que possamos compreender como se dão o respeito e o desrespeito social. O trabalho produtivo no capitalismo exige incorporação crescente de conhecimento técnico e útil. E ninguém aprende

INTRODUÇÃO

nada se não incorporar, desde cedo, um *habitus* ou uma personalidade disciplinada. Nas famílias da classe média, os filhos são socializados de modo espontâneo e insensível na disciplina, no autocontrole, no pensamento prospectivo, porque os filhos incorporam não apenas o jeito de falar ou andar, que é o que costumamos notar, mas todo um sistema muito particular de classificação e avaliação do mundo. Aprendem também a admirar a leitura ou o conhecimento de línguas estrangeiras. Por verem o pai ou a mãe lendo na sala, adquirem o gosto pela leitura. Afinal, o amor aos pais se transforma em amor ao que eles admiram. Falar de imitação dos pais é pouco. Os exemplos cotidianos dos pais são tornados corpo e são reflexos automáticos da criança, ou seja, os exemplos serão o material que produzirá aquele ser humano específico. O mesmo acontece com a música, com o cinema ou com a capacidade de pensar abstratamente sobre as coisas. Ninguém "nasce" com essas capacidades. Entre nós brasileiros elas são privilégios de classe.

Este é um privilégio literalmente invisível para quem aprendeu a ver a única forma de herança como algo palpável e monetário. Mas essa não é a herança mais importante. As classes do privilégio se formam, antes de tudo, pela imitação mais elementar dos filhos com os pais acerca de como se fala, como se pensa, como se apresenta publicamente. Uma criança assim socializada chega aos cinco anos na escola como um campeão já formado. Ele ou ela já está fadado ao sucesso. A escola tende a ser o complemento da vida familiar e vai reforçar aquilo que a família já havia possibilitado. Depois, no mercado de trabalho e ganhando centenas de vezes mais do que aqueles que nasceram na "família errada", ou seja, na classe social errada, e condenados ao trabalho desvalorizado e muscular, o privilegiado vai se sentir superior por "mérito pessoal", legitimando a continuidade infinita do processo.

Aos excluídos desses privilégios de nascimento resta o "*habitus* precário" de quem aprendeu dos pais apenas a inadaptação à ordem dominante competitiva. Como ninguém transmite aquilo que não aprendeu, mesmo os pais mais amorosos das famílias pobres vão transmitir às crianças, na imensa maioria dos casos, a continuidade de uma carência e de uma falta que é secular. Não vão poder ensinar o amor à leitura, posto que eles também não receberam essa dádiva dos pais. Aqueles que advertem ao filho todo dia que só escola pode transformá-los e retirá-los da pobreza se esquecem de que os filhos são construídos por exemplos, e não por palavras. Se a escola do pai não o libertou da pobreza, se a escola da mãe não deu a ela melhores condições de vida, como a criança acreditará que isso acontecerá com ela?

Como vão ensinar às crias a importância do pensamento abstrato se todo o seu cotidiano é dominado por problemas e relações concretas e imediatas? Como vão ensinar a importância de planejar o futuro se toda a vida é vivida no aqui e no agora, no tempo presente? Não existe futuro para quem o aguilhão da necessidade se impõe de tal modo que toda a preocupação é com o dia de hoje, com o prato de comida para o almoço agora e com o que se vai comer no jantar mais tarde? E se o planejamento do futuro é um desafio até para quem planeja cuidadosamente a sua condução de vida, o que esperar de quem jamais pode planejar nada? É por conta disso que a noção de futuro é um privilégio de classe.

Essa classe de excluídos e marginalizados, cerca de 40% da população brasileira,[8] e suas condições de vida, foram meu principal interesse de estudo, iniciado com o presente livro, que, agora, tenho a oportunidade de reapresentar. Se, para Pierre Bourdieu, a distância social entre burguesia e trabalhadores era seu tema principal, denunciando a reprodução da desigualdade fabricada de modo insensível e invisível pela oposição do "*habitus* estético" da burguesia ao "*habitus* disciplinar" da classe trabalhadora, minha preocupação como brasileiro foi com a distância social invisibilizada entre os incluídos e excluídos socialmente.

---

8 Jessé Souza, *A ralé brasileira*, 2022b.

INTRODUÇÃO

O tema de Bourdieu permanece e tem validade universal. Bourdieu logrou demonstrar cabalmente que a igualdade formal prescrita nas constituições democráticas e nos códigos do Estado de Direito é minada por dentro por regras pré-reflexivas, que discutimos acima, que reproduzem e legitimam o mundo desigual e injusto. Na sua análise do caso francês, que obviamente pode ser generalizada para todas as sociedades modernas, Bourdieu mostra como todo um esquema de simpatias e antipatias provocadas pela participação ou não nos códigos do "bom gosto" possibilita e legitima a desigualdade real. Assim se cria a classe do "bom gosto", que conhece vinhos e finge que se interessa pela cultura, bem como desenvolve formas de trajar, falar e se comportar que criam simpatias imediatas com quem também tem o mesmo código – e desprezo pelos que não possuem. Esses códigos não são explícitos, mas estão em todo lugar. Estão presentes em toda entrevista de emprego ou mesa que avalia concurso público, por exemplo, decidindo a vida e a sorte das pessoas segundo sua classe social.

O nível de sofisticação da análise de Bourdieu é único nas ciências sociais e permite perceber os segredos mais íntimos de uma ordem social, invisíveis pela maioria que pensa o mundo a partir do conteúdo explícito, consciente e mediado pela linguagem corrente. Permite, antes de tudo, perceber como as atribuições que fazemos todos os dias de respeito e desprezo são comandadas por critérios que praticamos sem saber o que estamos fazendo, posto que não são refletidos. Isso permite que nosso conhecimento sobre nós mesmos e sobre a ordem social como um todo aumente exponencialmente.

Meu objetivo, já neste livro e nos vários outros que produzi desde então, foi utilizar a riqueza da análise de Bourdieu para problemas e questões que ele não enfrentou. Por exemplo, o fato de que a classe trabalhadora não representa o limite mais baixo da escala social. Isso poderia ser verdade para ele e para a França dos anos 1970 que ele analisou. Mas não é a realidade do Brasil nem de bilhões de pessoas

A CONSTRUÇÃO SOCIAL DA SUBCIDADANIA

excluídas e marginalizadas no mundo todo. Existem em todos os países do Sul global imensos contingentes de pessoas a quem falta não apenas o senso estético dos burgueses, mas também as condições mínimas para a inclusão no mercado de trabalho competitivo, condenadas ao trabalho muscular desqualificado, ao desemprego e ao crime. Entre nós e em tantos outros países periféricos o problema é mais embaixo. O limite aqui não é meramente "estético", mas direta e imediatamente "moral". Trata-se da possibilidade ou não de reconhecimento da humanidade dessas pessoas. Daí ser tão importante se saber o que faz gente ser tratada como gente e, inversamente, o que faz com que gente possa ser tratada como subgente.

Neste livro sobre a construção social da subcidadania meu interesse foi utilizar a riqueza da análise bourdieusiana e de outros autores para iluminar a causa última e mais importante para a condenação de tanta gente a um status literalmente sub-humano, gente que pode ser morta pela polícia com aplauso de muitos sem provocar comoção ou espanto. Gente que pode ser atropelada e morta todos os dias porque não vai ter consequências ou sanções. Gente que é vista com desprezo todos os dias, olhadas de cima para baixo, humilhadas de todas as maneiras possíveis. Gente que não pode sonhar com viagens internacionais, como disse recentemente Paulo Guedes. Como é possível que durante tantos séculos um contingente tão expressivo de pessoas, perseguidas e marginalizadas, não produza compaixão?

Se a tradição dominante do pensamento social brasileiro havia percebido nossa pobreza relativa como sendo produto de uma herança cultural e nacional maldita,[9] que em última análise culpa o próprio povo pela pobreza, o interesse deste livro é mostrar que isso não é nem nunca foi verdade. São mecanismos sociais intencionalmente criados pela elite e pela classe média branca – articulados para desbancar do poder

---

9 Jessé Souza, *op. cit.*, 2022c.

qualquer governo comprometido com a inclusão popular – que produzem tanta injustiça e perversidade social. O caminho para a construção de uma outra sociedade é a redenção desses condenados à barbárie de uma vida indigna deste nome. É por conta disso que é importante se saber o que produz a subcidadania e a ausência da compaixão pelo sofrimento evitável de tantos seres humanos. É desse modo também que acredito que os grandes pensadores mundiais devem ser utilizados pelos intelectuais e estudiosos brasileiros. Não como um fim em si, para enfeite do próprio narcisismo, mas como arma para perceber e combater nossos problemas sociais de modo novo e alternativo.

PARTE I
A reconstrução da ideologia espontânea do capitalismo

Para que possamos desenvolver uma compreensão alternativa da modernidade periférica , que opõe antagonisticamente os polos moderno e pré-moderno partindo de oposições binárias reciprocamente excludentes que se multiplicam indefinidamente, torna-se necessário partir de uma visão alternativa e crítica da própria modernidade central. Reconstruir uma concepção alternativa da modernidade periférica envolve, logo de início, partir de interpretações que enfatizem a ambiguidade constitucional da experiência ocidental. Dois autores, a meu ver, contribuíram decisivamente com uma crítica sofisticada e instigante para uma análise da modernidade ocidental nas últimas décadas: Charles Taylor e Pierre Bourdieu. A contribuição desses autores não me parece apenas fundamental para uma compreensão adequada da modernidade central. Como espero poder deixar mais claro a seguir, ainda que com modificações importantes nos seus respectivos pontos de partida teóricos, eles são indispensáveis para uma análise alternativa da modernidade periférica.

Pretendo encaminhar a minha argumentação nesta primeira parte em três passos: 1) uma exposição da empreitada tayloriana e a discussão dos aspectos que me interessam dela retirar; 2) uma exposição da visão teórica peculiar de Bourdieu com foco nos aspectos que pretendo utilizar produtivamente para meus próprios fins; e 3) finalmente uma discussão dos aspectos negativos e positivos de cada uma das perspectivas, procurando reconstruí-las produtivamente com vistas a elucidar a questão teórica que tenho em mente: o esclarecimento das precondições sociais da naturalização da desigualdade em países periféricos como o Brasil.

1. A HERMENÊUTICA DO ESPAÇO SOCIAL PARA CHARLES TAYLOR

Tanto para Taylor como para Bourdieu, a crítica ao intelectualismo significa compreender a experiência humana em seu sentido mais amplo como radicalmente contextualizada e situada. Em Taylor, essa contextualização implica, antes de tudo, um esforço de interpretação e de ressignificação. Nas condições da vida moderna, por razões que ficarão mais claras adiante, esse esforço equivale a "remar contra a maré". O que Taylor chama de "naturalismo" é a tendência moderna, operante tanto no senso comum da vida cotidiana quanto na forma de praticar filosofia ou ciência dominante, de desvincular a ação e a experiência humana da moldura contextual que lhe confere realidade e compreensibilidade.

Para Taylor, existe uma relação interna entre o atomismo – a perspectiva que encara o indivíduo como a fonte de todo sentido – e o naturalismo. É precisamente porque o indivíduo é percebido como "solto no mundo" e descontextualizado que se torna possível essa espécie de "ideologia espontânea" do capitalismo, que é o naturalismo. O naturalismo se mostra na dimensão da vida cotidiana, quando as pessoas são incapazes de articular os próprios valores-guia de suas escolhas existenciais e políticas (como mostrado exemplarmente no estudo empírico sobre a classe média americana levada a cabo por Robert Bellah e sua equipe).[1] Mas o naturalismo domina também a dimensão científica,

---

1 Robert Bellah *et al.*, *Habits of the Heart*, 1985.

seja de modo menos sofisticado nas assim chamadas teorias de escolha racional, seja em teorias mais sofisticadas, como na assimilação mitigada que Jürgen Habermas faz da teoria sistêmica.

Taylor não admitiria a possibilidade da separação entre sistema e mundo da vida efetuada por Habermas[2] – certamente um de seus interlocutores privilegiados, apesar de semelhanças marcantes no diagnóstico das "patologias da modernidade" entre os dois autores. Essas duas dimensões refletem meramente horizontes de significação distintos e devem ser analisadas como tais. Desse modo, os imperativos sistêmicos da economia e da política não se confrontam com as identidades individuais como algo externo. Ao contrário, são componentes dessa mesma identidade e adquirem eficácia precisamente por conta disso. Os imperativos sistêmicos são objetivos coletivos que se tornaram autônomos, e, ao contrário de naturalizá-los, como faz a perspectiva sistêmica, o desafio é precisamente revivificá-los.

Instituições como Estado e mercado, assim como as demais práticas sociais e culturais, já possuem implícita e inarticuladamente uma interpretação acerca do que é bom, do que é valorável perseguir, do valor diferencial dos seres humanos etc. A hermenêutica tayloriana tem precisamente como alvo principal tornar esse pano de fundo implícito articulável e consciente, o que leva Taylor a defender o holismo metodológico.[3] Só é possível pleitear uma análise da economia ou do direito como se fosse "neutro", ou pensar nos indivíduos como última *"ratio"* da explicação sociológica, na medida em que esse pano de fundo social e moral permanece não tematizado.

A articulação da "topografia moral" implícita e específica à cultura ocidental é o fio condutor do livro mais importante de Taylor, *Sources of the Self* (ed. bras. *As fontes do self)*. A motivação subjacente a essa

---

2 *Ver* Jürgen Habermas, *Die Theorie des kommunikativen Handeln*, 1985. Essa separação retira os campos do poder e da economia do mundo vivido e prático das pessoas, como se fossem esferas guiadas por outros imperativos.

3 *Ver* Hartmut Rosa, *Identität und kulturelle Praxis*, 1998, pp. 260-270.

gigantesca empreitada é a de que as fontes morais ou os "bens constitutivos" de uma cultura precisam ser articulados de modo a serem utilizados como motivação efetiva para o comportamento concreto. De modo a mapear esse terreno pouco explorado, Taylor se propõe a investigar a origem de certas intuições morais que ele chama, seguindo Harry Frankfurter, de "avaliações fortes" (*strong evaluations*). Essas avaliações possibilitam a discriminação entre o certo ou errado, melhor ou pior, superior ou inferior, a partir de parâmetros que se impõem independentemente de nosso desejo e vontade.

A força vinculante dessas avaliações é tal que pensamos nelas como intuições instintivas e naturais por contraste a reações morais que sabemos advir da socialização e da educação formal. No entanto, essas intuições podem ser articuladas em "razões" (*account*) que explicam o "porquê", o fundamento mesmo da sensação de que devemos respeitá-las. Uma reação moral é, portanto, a afirmação de uma ontologia dada e contingente do humano. O alvo de Taylor em *As fontes do self* é articular a ontologia moral por trás das nossas intuições – nós, ocidentais e modernos, sejamos do centro ou da periferia. A moralidade, portanto, possui objetividade.

A nossa identidade, diz Taylor, é formada pelas identificações e escolhas providas por esse pano de fundo valorativo, seja por afinidade, seja por oposição. A ideia central aqui é a de que apenas formulamos sentido para nossas vidas a partir da relação que estabelecemos com as avaliações fortes que formam esse mesmo pano de fundo da condução da vida do sujeito moderno. Um indivíduo sem referência a esse pano de fundo seria um caso patológico. Identidade é sempre uma matéria que tem a ver com "redes de interlocução" (*webs of interlocution*), que pressupõem uma unidade comum para que exista uma comunicação compreensível e até mesmo a originalidade humana, que é aquela que se mantém no horizonte das visões compartilhadas.[4]

---

4 Charles Taylor, *Sources of the Self*, 1989, p. 27.

A topografia moral específica ao Ocidente apresenta dois componentes principais: o princípio da interioridade, que se subdivide em dois outros princípios ao mesmo tempo complementares e contraditórios; e o princípio da afirmação da vida cotidiana. Vale a pena reconstruir, ainda que esquematicamente, o caminho da argumentação de Taylor. Fiel a seu ponto de partida culturalista, ele tende a ver a transição para a modernidade menos como um processo abstrato de racionalização e diferenciação, mas, antes de tudo, como uma "gigantesca mudança de consciência", no sentido de uma radical reconstrução da topografia moral dessa cultura. A especificidade do Ocidente moderno se deixa ver a partir de uma contraposição com a Antiguidade clássica.

Platão, uma figura central nesse contexto, é o sistematizador da ideia fundamental para a concepção moral do Ocidente, a de que o "eu" é visto como ameaçado pelo desejo (em si insaciável), devendo, portanto, ser subordinado e regido pela razão.[5] O cristianismo adotou a perspectiva platônica da dominância da razão sobre as paixões na medida em que a santidade e a salvação passaram a ser expressas nos termos da pureza platônica.

Ao mesmo tempo, Santo Agostinho, ao se apropriar da tradição platônica, engendra uma novidade radical que vai ser fundamental para a especificidade do Ocidente: a noção de interioridade. O conhecimento não é uma luz exterior lá fora – uma revelação, portanto, como era para Platão –, mas algo interior em nós mesmos, sendo antes uma criação que uma revelação. Agostinho muda o foco de atenção dos objetos conhecidos em favor da própria atividade do conhecer. Voltar-se para essa atividade é voltar-se para si mesmo, é adotar uma posição reflexiva.

---

5 É interessante notar que parece ser essa noção de autodomínio, na medida em que gera alguma forma de "harmonia" e noção de todo com uma direção para a "pessoa inteira", que parece possibilitar a noção de personalidade no sentido moderno, ou seja, permitindo uma orientação principal e uma "condução da vida consciente", como diria Max Weber. A moralidade da hegemonia racional é conseguida contra a fragmentação e a pluralidade. *Ver* Charles Taylor, *op. cit.*, 1989, p. 120.

Como em todas as grandes revoluções morais do Ocidente, também o princípio da subjetividade é inicialmente religioso. Agostinho dá esse passo para a interioridade porque é um passo para a verdade divina; é o que torna a dimensão da primeira pessoa irresistível. Está associada a uma passagem para o interior como um passo para o mais alto, para o "superior".[6]

Foi essa vinculação com a necessidade religiosamente motivada que tornou a linguagem da interioridade irresistível. O vínculo entre as ideias dominantes no Ocidente e sua eficácia é percebido – uma óbvia correspondência com Max Weber – como um processo interno à racionalização religiosa ocidental. Desse modo, as concepções do que é o bem, articuladas ideacionalmente, são vinculadas a "interesses ideais" dados a partir do "prêmio" especificamente religioso da salvação. Isso explica, a meu ver, o lugar paradigmático de Santo Agostinho na empresa tayloriana.

Aqui se inaugura toda uma família de "fontes morais" que passam a ser formadoras da cultura ocidental como um todo. É que a passagem para uma condição superior passa a ser marcada pelo acesso à interioridade. Através da interioridade somos capazes de chegar ao superior.[7] Como veremos, todas as fontes morais da cultura ocidental pressupõem esse caminho. Para Taylor, Agostinho foi também o inventor do pré-cogito, na medida em que a certeza advém da coincidência entre conhecedor e coisa conhecida quando se trata de discutir sobre a *minha* existência. O ponto de vista da primeira pessoa pode, assim, se ancorar num primeiro passo confiável para a busca da verdade.

Outro aspecto importante parece-me o fato de que, além de tornar o ponto de vista da primeira pessoa fundamental para nossa busca da verdade, Agostinho constrói *toda uma hierarquia valorativa com base*

---

6 *Ibidem*, pp. 127, 143.

7 *Ibidem*, p. 134.

nesse fato. A partir de então passa a existir um abismo insuperável entre os seres capazes de raciocínio e os que carecem dessa faculdade. Agora, não só o inerte se diferencia do que vive, mas, entre os que vivem, passa a existir uma diferença qualitativa entre os seres que *vivem e têm consciência de que vivem* em relação ao simples vivente. Esse aspecto também é fundamental para a reconstrução da relação entre a eficácia das ideias e a noção de reconhecimento como fonte de autoestima socialmente compartilhada.

Tendo demonstrado ao seu interlocutor que ele existe; ou, ainda, que ele vive; e mais, que ele tem inteligência, então é possível traçar uma hierarquia entre essas dimensões.[8] O vivente é superior ao mero existente, e o ser inteligente é superior ao vivente. O fundamento da hierarquia é que o ulterior possui o anterior dentro de si mesmo. A continuação dessa hierarquia vai permitir colocar a razão como superior aos sentidos, já que é o superior que julga o inferior.

Assim, além da hierarquia entre as diversas espécies vivas conferindo aos humanos um sentimento de especialidade e superioridade responsável, em grande medida, pela atração que esse tipo de ideia exerce, abre-se também, entre os próprios seres humanos, o espaço para se pensar e legitimar hierarquias segundo a capacidade diferencial de cada qual de comportamento "racional" segundo os mesmos parâmetros. Esse aspecto é fundamental para nossos propósitos, posto que pretendemos demonstrar como a genealogia tayloriana pode ser usada para esclarecer um tema secundarizado por Taylor: vincular a teoria do reconhecimento social a uma teoria das distinções sociais, revelando seu potencial legitimador de diferenças.

Outro ponto de discordância em relação a Platão espelha a peculiaridade de Agostinho enquanto pensador cristão: a vontade não é apenas vista como dependente do conhecimento, mas sim uma faculdade inde-

---

8 *Ibidem*, p. 132.

pendente.[9] Desse modo, a perfeição moral não é apenas o resultado de um olhar treinado em relação à ordem imanente do cosmos, mas de uma adesão pessoal ao bem, um compromisso por inteiro da vontade, marcando o lugar central dessa faculdade humana no Ocidente. A vontade pode ser, portanto, má vontade, uma vontade radicalmente perversa, que tem de ser curada pela "graça".

Como se depreende de forma óbvia, Agostinho influenciou profundamente Descartes, e aqui há um corte radical: ao contrário de Agostinho, ele situa as fontes da moralidade dentro de nós mesmos. O que parece estar por trás dessa mudança, para Taylor, é a concepção mecanicista e não teológica do universo (Galileu), que implica repensar de outro modo também a antropologia. Toda uma nova representação da realidade tem que ser construída. Como a noção de ideia muda do seu sentido ôntico para tornar-se um conteúdo intrapsíquico, as ideias deixam de ser algo que temos de "achar" para tornarem-se algo que construímos. Essa construção tem de ser feita agora como um observador externo a faria, afastando-se de todas as sensações e confusões e transformando a clareza no principal requisito da perspectiva desengajada. Tudo aquilo que mistura mente e matéria deve ser afastado, especialmente as paixões que iludem e obscurecem. O modelo do domínio racional assume a forma do controle instrumental.[10]

É nesse terreno que temos aqui, além de uma nova antropologia, uma nova concepção da virtude e da "dignidade" humana. Se o controle racional é uma questão de a mente dominar adequadamente um mundo desencantado da matéria, então a noção de superioridade da boa vida tem que advir do próprio senso de dignidade do agente enquanto ser racional. Como bem mostra Taylor, Descartes (talvez precisamente por ser um pensador de época em transição) transpõe as virtudes da ética

---

9 *Ibidem*, p. 137.
10 *Ibidem*, p. 149.

A CONSTRUÇÃO SOCIAL DA SUBCIDADANIA

aristocrática da glória e da fama da Antiguidade clássica, algo que se conquistava no espaço público, na ágora, nas campanhas militares, para o interior da mente, engendrando uma forma qualitativamente nova de produção de nossa própria autoestima. A fonte da noção de autoestima e de dignidade não é mais algo "para os outros"; serve, ao contrário, para manter nosso próprio senso de valor aos nossos próprios olhos.

A internalização da faculdade da cognição corresponde a uma internalização da fonte da moralidade, como bem percebe Taylor. A ética de aristocratas baseada em força, firmeza, resolução e controle é internalizada e aburguesada como fonte moral por excelência para o ser humano comum. E é a força do autovalor que estimula e leva o novo sujeito a conquistar seus medos e desejos vulgares em direção à transformação da realidade à sua volta. Dignidade e autoestima, temas que Kant aperfeiçoará mais tarde, já têm aqui um lugar central e são percebidas como o motor para o compromisso continuado com a virtude.[11]

A imagem cartesiana da agência humana correspondia a uma tremenda revolução que estava acontecendo efetivamente nessa época, começo do século XVII. Essas mudanças apontavam, antes de tudo, para a entronização da disciplina como lei primeira da organização social em vários campos: primeiro no campo militar, mas também na administração civil e na economia. O novo lugar da disciplina implicou o crescente apelo da visão da agência humana como moldável através da ação metódica e disciplinada. A visão do sujeito em Descartes como "descontextualizado" (*disengaged*) correspondia à noção do sujeito que instrumentaliza a si mesmo em nome de uma orientação já antecipadamente decidida em nome de algum fim externo.

Essa visão cartesiana do sujeito remodelável é transformada por John Locke na base de uma teoria política sistemática. Locke introduz

---

11 *Ibidem*, p. 153.

o tema da vontade.[12] A mente tem o poder de suspender e dirigir desejos e sentimentos, e, portanto, o poder não só de se remodelar de acordo com princípios escolhidos aleatoriamente, mas também do hábito e da autoridade local. O controle racional pela vontade conduz a uma nova e radical maneira de auto-objetificação. Podemos nos "recriar", reelaborando nossos hábitos e normas. Somos criaturas de relações contingentes. É esse novo tipo de desengajamento radical que propicia a ideia da criação *ex nihilo*, que Taylor chama de "*self* pontual" ou "neutro". É claro que isso exige o "treinamento" em práticas sociais e institucionais disciplinarizadoras e não apenas o aprendizado através de "teorias".

Essa nova forma de perceber o *self* e seus novos poderes engendra também uma nova concepção do bem e uma nova localização das fontes da moralidade. Ao novo *self* pontual corresponde um ideal de autorresponsabilidade, o qual, juntamente com as noções de liberdade e razão que o acompanham, possibilita um novo sentido de "dignidade".[13] Passar a viver de acordo com esse ideal – algo contra o que não podemos reagir na medida em que permeia todas as práticas sociais modernas – é se transformar e se pensar como se fôssemos desde sempre "*selves* pontuais", assim como sempre tivemos dois braços e duas pernas, diz Taylor. Essa concepção histórica e contingente se "naturaliza". As "ideias" se tornam "práticas sociais" e se naturalizam na medida em que se "esquecem" de suas raízes.

Essas ideias germinadas durante séculos de razão calculadora e distanciada da vontade como autorresponsabilidade, que somadas remetem ao conceito central de Taylor de *self* pontual, não lograram dominar a vida prática dos homens até a grande revolução da Reforma Protestante. Outro ponto em comum entre Taylor e Max Weber, dentre muitos, é que, para os dois pensadores, a Reforma foi a parteira tanto da singu-

---

12 *Ibidem*, p. 170.
13 *Ibidem*, p. 177.

laridade cultural quanto moral do Ocidente. A revolução protestante realiza, na prática, no espaço do senso comum e da vida cotidiana, a nova noção de virtude ocidental. Daí que, para Taylor, a noção de *self* pontual tenha que ser acrescida da ideia de "vida cotidiana" para a compreensão da configuração moral que nos domina hoje.[14]

O tema da vida cotidiana está em oposição à concepção da Antiguidade clássica que exaltava a vida contemplativa por oposição à vida prática. A revolução de que fala Taylor é aquela que redefine a hierarquia social a tal ponto que agora as esferas práticas do trabalho e da família, precisamente aquelas das quais todos sem exceção participam, passam a definir o lugar das atividades superiores e mais importantes. Ao mesmo tempo, ocorre um desprestígio das atividades contemplativas e aristocráticas anteriores. A sacralização do trabalho, especialmente do trabalho manual e simples, de origem luterana e depois genericamente protestante, ilustra a transformação histórica de grandes proporções para toda uma redefinição da hierarquia social que é aqui o nosso fio condutor.

Taylor percebe que as bases sociais para uma revolução de tamanhas consequências devem-se à motivação religiosa do espírito reformador. Ao rejeitar a ideia do sagrado mediado, os protestantes rejeitaram também toda a hierarquia social ligada a ela. Eis o fator decisivo aqui. Como as gradações da maior ou menor sacralidade de certas funções são a base da hierarquia (religiosa) das sociedades tradicionais, desvalorizar a hierarquia baseada nessa ordem é retirar os fundamentos da hierarquia social como um todo, tanto da esfera religiosa em sentido estrito quanto das outras esferas sob sua influência. Desse modo, abre-se espaço para uma nova e revolucionária noção de hierarquia social (dado seu potencial equalizador e igualitário), que passa a ter por base o *"self* pontual" tayloriano, ou seja, uma concepção contingente e historicamente específica de ser humano, presidido pela noção de calculabilida-

---

14 *Ibidem*, pp. 211-302.

de, raciocínio prospectivo, autocontrole e trabalho produtivo como os fundamentos implícitos de sua autoestima e seu reconhecimento social.

Os suportes sociais dessa nova concepção de mundo, para Taylor, são as classes burguesas de Inglaterra, Estados Unidos e França, disseminando-se depois pelas classes subordinadas desses países e depois por diversos outros com desvios e singularidades importantes.[15] A concepção do trabalho dentro desse contexto vai enfatizar não o que se faz, mas *como* se faz o trabalho (Deus ama advérbios). O vínculo social adequado às relações interpessoais vai ser de tipo contratual e, por extensão, a democracia liberal contratual como tipo de governo. Em linguagem política, essa nova visão de mundo vai ser consagrada sob a forma de direitos subjetivos e, de acordo com a tendência igualitária, definidos universalmente. A nova "dignidade" vai designar, portanto, a possibilidade de igualdade tornada eficaz, por exemplo, nos direitos individuais potencialmente universalizáveis. Em vez da "honra" pré--moderna, que pressupõe distinção e privilégio, a dignidade pressupõe um reconhecimento universal entre iguais.[16]

Kant talvez tenha sido o pensador que mais bem articulou essa noção de dignidade de que estamos tratando. Além de localizar na vontade humana racional a base da moralidade, ele enfatiza, *ipso facto*, sua especial dignidade. O fato de sermos seres racionais é que nos garantiria uma "dignidade única".[17] Essa dignidade é construída precisamente contra a noção de natureza. Se a natureza obedece às leis, são apenas os seres racionais que obedecem aos princípios. E é por conta desse novo status, dessa nova fonte de autoestima, digamos assim, advinda do fato de estarmos incomparavelmente acima de tudo mais na natureza, que a lei moral comanda nosso respeito (*Achtung*). Enquanto todas as coisas têm seu preço, apenas os agentes racionais possuem dignidade, que, portanto, são fins em si mesmos.

---

15 *Ibidem*, pp. 289-290.

16 *Idem*, "The Politics of Recognition", 1994, p. 27.

17 *Idem*, *op. cit.*, 1989, pp. 364-365.

Mas essa não é a única fonte da moralidade moderna para Taylor. Toda a sua genealogia da hierarquia valorativa do Ocidente, umbilicalmente ligada a um diagnóstico da modernidade que enfatiza, além de suas conquistas, suas contradições e perigos, está ancorada em uma ambiguidade e contradição central constituídas pela oposição entre a concepção instrumental e pontual do *self* e sua configuração expressivista. O expressivismo é concebido pela família de concepções de mundo baseadas na noção de natureza como fonte interna de significado e moralidade. Aqui a ideia central, por oposição ao tema da dignidade do *self* racional e pontual, é a da originalidade de cada pessoa, a "voz" particular de cada um, única e inconfundível enquanto tal.

Taylor percebe vários pensadores e movimentos como antecessores dessa nova perspectiva. Montaigne, Rousseau e os moralistas escoceses são percebidos como pioneiros de uma nova noção de fonte moral concorrente à do *self* pontual, que tem no romantismo, especialmente no alemão, sua elaboração mais consistente e duradoura. O contexto de concorrência com a noção de dignidade do *self* pontual tem a ver com o fato de que o caminho para o acesso à fonte da moralidade é o mesmo nos dois casos, ou seja, implica a virada para a interioridade e a subjetivação comum a todas as formas modernas de dotação de sentido e moralidade. (Aqui me aproveito da distinção weberiana entre caminho e o bem da salvação, que Taylor utilizou para a comparação das grandes religiões mundiais.)

Apesar do caminho ser o mesmo – o que para Taylor apenas aprofunda a rivalidade entre as duas configurações –, o "bem moral" é antinômico e não poderia ser mais diverso. O expressivismo representa a volta dos modelos orgânicos e biológicos de crescimento por oposição aos modelos já então dominantes da associação mecânica. Diferentemente dos modelos clássicos, no entanto, como a ideia aristotélica da natureza realizando seu potencial, essa mesma ideia já é internalizada por Herder, talvez o autor mais importante para Taylor nesse contexto. E é precisamente por ser internalizada e única, referindo-se portanto a uma realidade original e particular, que a normatividade que daí se abstrai é aquela que exige que "se deve viver de acordo com essa mesma originalidade".[18]

Para que esse contexto adquira força normativa, isto é, seja percebido como obrigatório e vinculante pelas pessoas que vivem sob sua égide, é necessária a revolução histórica que permite renomear as paixões em sentimentos. Em vez de conceber a natureza interna como um campo de pulsões incontroláveis e perigosas, o que equivale à denominação negativa das paixões, descobre-se, ao contrário, um campo fundamental, que passa a ser percebido como a fusão do sensual e sentimental com o espiritual, cujo aspecto sensual e sentimental passa a ter proeminência. A experiência e a expressão das "profundezas interiores" também passam a ter um conteúdo normativo. A novidade radical em jogo aqui é que a compreensão do que é certo ou errado é então percebida não apenas como um assunto que requer reflexão distanciada e cálculo instrumental, mas também e até especialmente como algo ancorado em nossos sentimentos. A moralidade adquire de certo modo uma voz interna.[19]

Essa realidade inexiste antes de sua articulação e não devemos esperar modelos externos para ela. A noção de símbolo do romantismo exprime precisamente essa expressão do único e indizível. Em vez da mímesis ou da alegoria, o símbolo significa tanto a perfeita interpenetração de forma e conteúdo como também a criação de um sentido que inexistia antes da sua manifestação simbólica. É isso o que torna o poder de autoarticulação expressiva tão importante e revolucionário. O acesso às "profundezas do *self*" só é possível ao sujeito dotado de poderes expressivos. Apesar de as duas formas de interioridade implicarem uma radicalização do subjetivismo, são também rivais e se excluem mutuamente enquanto tipos puros, apesar de a regra empírica ser o compromisso e a interpenetração. Exercer uma forma de maneira

---

18 *Ibidem*, p. 375.

19 *Idem, op. cit.*, 1994, p. 28.

A CONSTRUÇÃO SOCIAL DA SUBCIDADANIA

consequente é abdicar da outra. O sujeito moderno que reconhece as duas fontes está, portanto, constitutivamente em tensão.[20]

CONTRADIÇÕES DA MODERNIDADE CENTRAL E PERIFÉRICA

Em vários textos lançados depois de *As fontes do self,* Taylor procura aplicar o resultado de suas investigações à situação política da modernidade tardia. Tanto em *The Ethics of Authenticity* (ed. bras. *A ética da autenticidade*) quanto no seu artigo no livro coletivo *Multiculturalism,* seus textos talvez mais influentes depois de *As fontes do self,* Taylor procura demonstrar como as categorias centrais de sua reconstrução genealógica podem ser percebidas como as categorias centrais dos dilemas e contradições da modernidade tardia nas dimensões existencial, social e política. O tema do reconhecimento, ou seja, das precondições sociais necessárias à atribuição de respeito e autoestima, é transformado no mote central tanto para a produção de solidariedade quanto para a percepção dos conflitos específicos do mundo contemporâneo.

As formas de reconhecimento são duas: uma universalizante, caracterizada pelo princípio da dignidade; outra particularizante, caracterizada pelo princípio da autenticidade. Reconhecimento, por estar ligado às formas de atribuição de respeito e autoestima, é percebido como vinculado às questões da formação da identidade individual e coletiva. Essa relação é exemplarmente qualificada na passagem, de resto sobejamente citada pelos estudiosos da questão, que reproduzo a seguir.

> A tese é a de que a nossa identidade é em parte formada pelo reconhecimento ou por sua ausência. Muito frequentemente, nos casos de falso reconhecimento (*misrecognition*) por parte dos outros, uma pessoa ou um grupo de pessoas pode sofrer um prejuízo real, uma distorção efetiva, na medida em que os outros projetem nele uma imagem desvalorizada e

---

20 *Idem, op. cit.,* 1989, p. 390.

redutora de si mesmos. Não reconhecimento e falso reconhecimento podem infligir mal, podem ser uma forma de opressão, aprisionando alguém em uma forma de vida redutora, distorcida e falsa [...] Nessa perspectiva, não reconhecimento não significa apenas ausência do devido respeito. Ele pode infligir feridas graves a alguém, atingindo as suas vítimas com uma mutiladora autoimagem depreciativa. O reconhecimento devido não é apenas uma cortesia que devemos às pessoas. É uma necessidade humana vital.[21]

Existem duas fontes antinômicas e especificamente modernas de reconhecimento: o ideal de dignidade e o ideal de autenticidade. As duas formas se deixam ver por oposição às formas típicas das sociedades hierárquicas. Enquanto nestas últimas o princípio da honra é fundamental (e honra significa sempre que alguns a possuem e outros não), a noção moderna de "dignidade" implica o uso igualitário e universal que confere dignidade específica a todo ser humano e cidadão moderno. Enquanto apenas alguns têm honra, todos possuem dignidade.

O ideal de autenticidade – que nasce, como vimos, a partir da nova significação conferida ao que Taylor chamava em *As fontes do self* de "expressivismo" – a partir do século XVIII é ainda mais radicalmente moderno que o princípio da dignidade. Isso não apenas no sentido de que o ideal de autenticidade se consolida mais tardiamente – nas vanguardas artísticas, a partir de fins do século XVIII, e como força viva e efetiva na sociedade apenas na segunda metade do século XX, como na *flower generation* da década de 1960 –, mas também em um sentido mais profundo na medida em que apenas o ideal da autenticidade elimina de pronto a definição da identidade a partir de papéis sociais já determinados. A definição da identidade a partir do ideal de autenticidade implica precisamente uma reação à pressão por conformidade social como também a uma atitude instrumental em relação a si mesmo.

---

21 *Idem, op. cit.*, 1994, pp. 25-26. Tradução minha.

A questão central para Taylor em relação às sociedades industriais avançadas refere-se ao ideal de autenticidade e apenas secundariamente ao ideal da dignidade. Isso tem a ver com o pressuposto de que as democracias norte-americanas (Estados Unidos e Canadá) e europeias ocidentais teriam solucionado as desigualdades sociais mais virulentas e, efetivamente, a partir da consolidação do *welfare state* (Estado de bem-estar social), garantido um patamar de igualdade real entre os diversos grupos sociais. (Veremos que essa tese só pode ser aceita com importantes mitigações, *cum grano salis*, quando estudarmos Bourdieu e sua crítica à "ideologia da igualdade de oportunidades" e os recentes estudos sobre uma nova marginalização nas sociedades afluentes.)

De qualquer modo, ainda que apenas como tendência, esse parece ser o pressuposto da análise tayloriana nesse campo problemático. Como segue Herder na percepção de um campo duplo para o tema da autenticidade (ou seja, ela pode se aplicar tanto a indivíduos quanto a coletividades),[22] Taylor tematiza essa questão em dois momentos: 1) o aspecto coletivo, que tem a ver com uma "política da diferença", ou seja, respeito à identidade única de certo grupo social, normalmente minoritário, pelo menos em termos de poder relativo, e que tem de se proteger contra a assimilação por uma identidade majoritária ou dominante; e 2) o aspecto que poderíamos chamar, na falta de denominação mais feliz, de dimensão existencial do ideal da autenticidade, que tem a ver com sua crescente trivialização na medida em que o pano de fundo dialógico e comunitário que lhe dá profundidade e coerência se perde em favor de uma perspectiva autorreferida, que Taylor chama algumas vezes de *"quick fix"* (solução rápida e superficial).[23]

O primeiro aspecto é tematizado prioritariamente em *Multiculturalism*, enquanto o segundo, em *A ética da autenticidade*. Quanto ao primeiro aspecto, desde que fique claro que somos formados a partir

---

22 *Ibidem*, pp. 30-31.
23 *Idem, The Ethics of Authenticity*, 1991a, p. 60.

do reconhecimento ou da sua ausência e que reconhecimento tem uma base cultural, comunitária e linguística, torna-se imediatamente compreensível que a proteção de minorias e culturas minoritárias passe a ser um objetivo político incontornável. A assimilação a uma cultura hegemônica com a consequente imagem de inferioridade inculcada em relação aos grupos subjugados é uma violência contra a qual Taylor opõe a noção de Gadamer de "fusão de horizontes". Compreender outra cultura implica uma abertura em relação a ela que equivale, em alguma medida, a uma transformação, ainda que parcial, dos parâmetros de julgamentos da própria cultura hegemônica.[24] Com relação ao segundo aspecto, o ponto principal parece ser a contradição da lógica do ideal de autenticidade, que exige uma revelação expressiva da originalidade de cada qual, cujo ineditismo, na medida em que se refere apenas àquela pessoa e sua singularidade, é ameaçado pela lógica do *quick fix*, que implica controle instrumental e a elaboração de padrões preexistentes e heterônomos.[25]

O fato é que a contradição central para as sociedades avançadas é percebida, tanto no aspecto existencial quanto coletivo, como localizada no âmbito do ideal da autenticidade.[26] As razões para isso já foram aqui expostas. Embora eu não esteja convencido de que o ideal da dignidade seja um ponto tão pacífico no âmbito das sociedades afluentes, mesmo antes do atual desmonte do Estado de bem-estar, é inegável que há um abismo monumental entre a institucionalização desse princípio nas sociedades centrais por oposição às periféricas.

Ainda que a problemática relativa ao expressivismo e ao ideal da autenticidade se imponha também de forma importante em relação às sociedades periféricas, o conjunto de temáticas associado à questão da dignidade adquire uma centralidade insofismável para esse tipo de

---

24 *Idem, op. cit.*, 1994, pp. 61-73.

25 *Idem, op. cit.*, 1996a, pp. 55-69.

26 Nancy Fraser, "From Redistribution to Recognition?", 1997, pp. 11-40.

sociedade. Aqui nos interessam, antes de tudo, as repercussões da discussão acerca dos princípios que regulam nossa atribuição de respeito, deferência ou, trocando em miúdos, a atribuição de "reconhecimento social" como base na noção moderna de cidadania jurídica e política. Essa temática pode nos esclarecer acerca das razões pelas quais em algumas sociedades periféricas, como a brasileira, torna-se possível, num contexto formalmente democrático, aberto e pluralista, a constituição de cidadãos de primeira e de segunda classe.

Interessa também, em especial, construir uma gramática que torne visível aquilo que Taylor, na tentativa de separar o respeito, no sentido jurídico (ou seja, o respeito pelo direito alheio na acepção de não infringir ou invadir o espaço do outro), do tipo de respeito que ele chama de "atitudinal".

O modo como andamos, nos movemos, gesticulamos e falamos é formado desde os primeiros momentos pela nossa consciência de que "aparecemos" para os outros, que estamos no espaço público, potencialmente perpassado por respeito ou desprezo, por orgulho ou vergonha.[27]

Interessa tentar construir um quadro de referência conceitual que nos permita ir além da descrição fenomenológica das situações que espelham respeito ou a falta dele, especialmente no seu sentido "atitudinal", infra e ultrajurídico – embora essas duas dimensões se influenciem reciprocamente –, tentando pôr a nu o ancoramento institucional que lhe confere boa parte de sua opacidade e eficácia, permitindo que nossa vida cotidiana seja perpassada por distinções, hierarquias e princípios classificatórios não percebidos enquanto tais. A localização e explicitação desses princípios podem nos ajudar a identificar os mecanismos operantes, de forma opaca e implícita, na distinção social entre classes e grupos sociais distintos em sociedades determinadas. Também nos ajudam a identificar os "operadores simbólicos" que permitem a cada um de nós, na vida cotidiana, hierarquizar e classificar as pessoas como mais

---

27 Charles Taylor, *op. cit.*, 1989, p. 15.

A HERMENÊUTICA DO ESPAÇO SOCIAL PARA CHARLES TAYLOR

ou menos, como dignas de nosso apreço ou de nosso desprezo, assim como esclarecer de que modo disfarçado e intransparente instituições aparentemente neutras implicam, na verdade, a imposição subliminar de critérios particularistas e contingentes com seus beneficiários e vítimas muito concretas. Para esse desiderato, a contribuição de Charles Taylor é decisiva. Para além de qualquer outro pensador moderno, Taylor possibilita, a partir de sua genealogia da hierarquia valorativa da modernidade tardia, conferir sentido e relevância moral a aspectos "naturalizados" da realidade social na dimensão da vida cotidiana e, especialmente, na dimensão institucional cuja eficácia depende precisamente de sua aparente neutralidade.

No entanto, parece-me que seu tratamento do tema do reconhecimento secundariza a dimensão do potencial legitimador das distinções sociais implícitas na temática do reconhecimento. Isso não significa, obviamente, dizer que Taylor não perceba o potencial discriminador dessas distinções, o que fica sobejamente claro na sua análise do multiculturalismo. Mais precisamente sua ênfase no tema da autenticidade significa também sua aceitação, pelo menos tendencial, da ideologia "da igualdade de oportunidades" que comanda o outro polo do tema do reconhecimento, que é o conjunto de questões que têm a ver com a dignidade. Nesse campo, precisamente talvez o mais significativo para a análise da naturalização da desigualdade que assola a maioria dos países periféricos, sua análise, ainda que fundamental como ponto de partida, precisa ser complementada por outras perspectivas mais sensíveis à força mistificadora de princípios aparentemente universais. Essa é a razão principal pela qual considero indispensável tentar traçar uma complementariedade entre sua perspectiva e a de Pierre Bourdieu.

2. PIERRE BOURDIEU E A RECONSTRUÇÃO DA SOCIOLOGIA CRÍTICA

O impacto mais marcante da singular e brilhante sociologia de Pierre Bourdieu se deve, a meu ver, ao desmascaramento sistemático da "ideologia da igualdade de oportunidades" enquanto pedra angular do processo de dominação simbólica típico das sociedades avançadas do capitalismo tardio. Nesse desiderato, Bourdieu caminha praticamente sozinho, já que a imensa maioria das perspectivas – e eu me refiro aqui especialmente às perspectivas críticas e radicais – acerca da sociedade contemporânea parte do pressuposto da superação tendencial da luta de classes clássica do capitalismo.

O melhor do talento investigativo de Bourdieu é dedicado precisamente a revelar as formas opacas e distorcidas que a luta de classes e entre frações de classes assumem na modernidade tardia. Essa estratégia de desilusionismo tem como fio condutor desconstruir as máscaras que constituem a base da dominação e da opressão social no sentido mais amplo e que garantem sua legitimidade e aceitação. O desafio seria demonstrar, como diz Mauss, numa bela citação amada e repetida várias vezes por Bourdieu, "como as sociedades continuamente se pagam com a moeda falsa dos seus sonhos".

Essa estratégia desilusionista tem sua contrapartida numa reconstrução epistemológica que Bourdieu leva a cabo contra duas das mais importantes opções teóricas nas ciências sociais contemporâneas, que ele denomina de objetivismo e subjetivismo. Na França, essas posições foram ocupadas paradigmaticamente por Claude Lévi-Strauss e Jean-

-Paul Sartre, respectivamente, mas seu alcance é muito maior e envolve o extraordinário impacto do estruturalismo nas ciências sociais, por um lado, e as diversas versões da fenomenologia, da etnometodologia e das teorias da escolha racional, por outro.

A crítica principal ao estruturalismo refere-se ao engano de partir da ilusão da autonomia de dado código simbólico às expensas das condições sociais que definem seu uso oportuno. Bourdieu aplica essa crítica tanto à antropologia quanto à sociologia (marxista) estruturalista. Em relação à primeira, a crítica dirige-se a uma concepção de relações de parentesco percebidas como se fossem quase completamente autônomas de determinantes econômicas, esquecendo-se que, na prática, o uso oficial e inoficial do código está condicionado ao aferimento de vantagens materiais e simbólicas. Em relação ao segundo, que parte de uma "sociologia sem sujeito", onde os agentes históricos são reduzidos a suportes da estrutura e percebidos como "autômatos" com vida própria, o que se esquece na perspectiva objetivante do estruturalismo é a dialética entre estruturas objetivas e estruturas incorporadas no sujeito.[1]

É precisamente essa última relação que, para Bourdieu, não deve ser compreendida sob um modelo que ignora a ação prática ao apelar para um modelo de determinação mecânica. Para Bourdieu, existe efetivamente um sistema de sanções e prêmios inscritos objetivamente que permite estruturar, em grande medida, a experiência prática. Não obstante, nesse caso, é decisivo perceber as estratégias dos atores em relação a essas determinações, que não podem ser pressupostas por uma lógica sistêmica considerada independente.

Para ele, o terreno da "estratégia" por excelência é o da dimensão temporal. Afinal, é pelo controle do tempo que se pode retardar ou apressar uma resposta ou reação, retirando-se desse modo vantagens (ou prejuízos) não prescritos na concepção "legalista" da visão objetivante. Ao mesmo tempo, contudo, existe uma grande influência da "regra"

---

1 Pierre Bourdieu, *The Theory of Praxis*, 1990, pp. 30-41.

sobre a prática que advém dos mesmo motivos estratégicos aventados anteriormente. É que seguir a regra – ou melhor, dar a "impressão" de estar seguindo a regra – equivale a maximizar vantagens na medida em que o grupo recompensa melhor as ações aparentemente motivadas pelo respeito às regras.[2] O fundamental, portanto, é manter o foco dirigido para a prática, visto que só ela permite perceber a estratégia concreta dos atores em relação à regra.

A crítica em relação ao subjetivismo assume formas variadas, dependendo da versão teórica em jogo. Na versão da etnometodologia, o que é criticado é a sua imersão (ingênua) na realidade cotidiana e como é vivida imediatamente pelos agentes, não refletindo, portanto, sobre as condições de possibilidade desse conhecimento. Esse tipo de abordagem estaria condenado a apenas "descrever" a realidade cotidiana como vivida e percebida pelos agentes. Sua crítica à versão da teoria da escolha racional é ainda mais interessante e contundente. O ator racional alternaria duas características contraditórias: por um lado, a pressuposição de uma consciência "sem inércia" que cria o mundo *ex nihilo* a cada instante; por outro lado, a assunção diametralmente oposta de um "determinismo intelectual" que se separaria apenas no fraseado do determinismo objetivista da reação mecânica. O que é excluído do argumento do ator racional é o condicionamento social e econômico do próprio sujeito econômico, especialmente no que se refere à formação de suas "preferências". Seria esse condicionamento – o qual se constitui tanto consciente quanto inconscientemente a partir das condições de existência, assim como pelos encorajamentos e censuras explícitas – que permite o "esquecimento da aquisição" (a gênese implica a amnésia da gênese) e a ilusão de que se trata de qualidades inatas.

A resposta de Bourdieu ao dilema do objetivismo/subjetivismo, com suas unilateralidades complementares, é dada a partir da sugestão de uma relação articulada entre estrutura, *habitus* e práticas. O termo mais

---

2 *Ibidem*, p. 109.

A CONSTRUÇÃO SOCIAL DA SUBCIDADANIA

importante aqui, e que marca boa parte da originalidade do pensamento bourdieusiano, é a noção de *habitus*. Esse conceito permite sair da "prisão" do realismo da estrutura na medida em que se apresenta como a forma pela qual a "necessidade" exterior pode ser introjetada – mais que isso, "encarnada" e "incorporada" pelos agentes. O *habitus* seria um sistema de estruturas cognitivas e motivadoras, ou seja, disposições duráveis inculcadas desde a mais tenra infância, que pré-molda possibilidades e impossibilidades, oportunidades e proibições, liberdades e limites, de acordo com as condições objetivas. As disposições do *habitus* são, em certa medida, "pré-adaptadas" às suas demandas.

É por conta dessas características que Bourdieu chama o *habitus* de uma "virtude feita necessidade".[3] Fruto de dada condição econômica e social, o *habitus* implica a inscrição dessas precondições, especialmente as relativas às experiências infantis, que passam a ser traduzidas no sujeito como um conjunto de estruturas perceptivas e avaliativas que servirão como uma espécie de filtro para todas as outras experiências ulteriores. O *habitus* seria, portanto, um esquema de conduta e comportamento que passa a gerar práticas individuais e coletivas. Para a perspectiva do realismo das estruturas, o que parece ser a ação independente dessas práticas seria, na realidade, assegurada pela presença ativa desse depositário de experiências anteriores. Inscreve, em cada organismo, sob a forma de esquemas de percepção, pensamento e ação, a garantia da "correção" de práticas no decorrer do tempo. É esse princípio de continuidade e reprodução que o objetivismo se percebe sem poder dar conta de sua gênese.

Sendo o produto de um conjunto de regularidades objetivas, o *habitus* tende a gerar toda uma série de comportamentos "razoáveis" e de "senso comum" possíveis, dentro dos limites dessas regularidades. O *habitus* é o passado tornado presente, a história tornada corpo e, portanto,

---

3 *Ibidem*, p. 54.

"naturalizada" e "esquecida" de sua própria gênese.[4] Precisamente por ser uma espécie de história naturalizada numa espontaneidade sem consciência, o *habitus* é o elemento que confere às práticas sua relativa autonomia em relação às determinações externas do presente imediato. Por ser espontaneidade sem consciência ou vontade, o *habitus* não se confunde com a necessidade mecânica, nem com a liberdade reflexiva dos sujeitos das teorias racionalistas.

A própria reprodução institucional só é possível dada a existência dessas disposições ajustadas a uma finalidade, revivendo e revigorando a letra morta depositada nessas instituições. É o *habitus* que produz a "mágica social" que torna pessoas instituições feitas de carne. O filho mais velho e herdeiro, o homem por oposição à mulher, estas são diferenças instituídas que tendem a se transformar em distinções naturais. As instituições, desse modo, precisam estar objetificadas não apenas em coisas e lógicas de funcionamento que transcendam os agentes, mas têm de estar também representadas nos "corpos" e em disposições de comportamento durável.

O *habitus*, assim, torna a questão da "intenção" supérflua, já que as práticas cotidianas são automáticas e impessoais. Existe uma unidade de sentido compartilhada, que transcende indivíduos e grupos específicos, precisamente onde Bourdieu vê a possibilidade de constituir um senso comum como efeito da harmonização entre sentido objetivo e sentido prático levada a cabo pelo *habitus*. A partir daí, temos a possibilidade de um todo mutuamente inteligível, constantemente reforçado por práticas individuais e coletivas. A comunidade consciente pressupõe uma comunidade inconsciente – ou seja, um conjunto não tematizado de competências linguísticas e culturais que permite não só a comunicação consciente, mas o funcionamento semiautomático e irrefletido da vida cotidiana.

---

4 *Ibidem*, p. 56.

A CONSTRUÇÃO SOCIAL DA SUBCIDADANIA

O *habitus*, além da sua dimensão corpórea, naturalizada e incons-ciente (embora não no sentido psicanalítico), tem uma característica inercial conservadora, uma espécie de "esquema de autoproteção". Esse "princípio não escolhido de todas as escolhas"[5] tende a conferir um peso maior às experiências mais antigas, estimulando, desse modo, sua pró-pria constância. Por isso Bourdieu se refere às inúmeras estratégias que servem para evitar contato com qualquer conteúdo que possa implicar risco a esse princípio, como as chamadas "más companhias", livros não recomendáveis etc.

O grande aporte crítico da teoria do *habitus* é precisamente a ênfase no aspecto "corporal" e automático do comportamento social. O que para grande parte da tradição sociológica é "internalização de valo-res" – e isso evoca tendencialmente uma leitura mais racionalista que enfatiza o aspecto mais consciente e refletido da reprodução valorativa e normativa da sociedade –, para Bourdieu a ênfase seria, ao contrário, no condicionamento pré-reflexivo, automático, emotivo, espontâneo, "inscrito no corpo" de nossas ações, disposições e escolhas. Os nossos corpos são, na sua forma, dimensão, apresentação etc., a mais tangível manifestação social de nós mesmos. Nossos hábitos alimentares mol-dam nossa figura, nossa cultura e socialização "pré-formam" todas as nossas manifestações expressivas em gestos, escolha de vestuário, corte de cabelo, forma de andar e falar, transformando o conjunto de nossas expressões visíveis em sinais sociais. É com base nesses sinais visíveis que classificamos as pessoas e os grupos sociais e lhes atribuímos prestígio ou desprezo.

Bourdieu consegue, com isso, uma vantagem inestimável em rela-ção aos paradigmas (dominantes nas ciências sociais) intelectualistas e racionalistas. Assim, "crença" para ele não é um estado de espírito ou um conteúdo intrapsíquico, mas sim uma crença "corporificada", tornada carne e osso, uma crença "prática", portanto; uma evidência

---

5 *Ibidem*, p. 61.

pré-verbal e imediata de que é o pressuposto do senso prático na vida cotidiana. Essa corporação ou incorporação de sentidos, significados e esquemas avaliativos dá-se desde a mais tenra infância, em que se aprende a treinar o corpo como "reservatório de valores".[6] Bourdieu localiza, primariamente, nesses valores "tornados corpos" – frutos da persuasão invisível de uma pedagogia implícita que pode inscrever e naturalizar toda uma cosmologia, precisamente por estar além da percepção consciente e se mostrar apenas em detalhes tidos como insignificantes, como detalhes de comportamento físico, maneiras de falar, andar e se portar –, a base de sua sociologia. Esses detalhes aparentemente insignificantes apontam, no entanto, para características essenciais do comportamento social.

Desse modo, o corpo funciona como uma espécie de "operador analógico"[7] das hierarquias prevalecentes no mundo social. Assim, a oposição homem/mulher é manifestada em posturas, gestos, formas de se sentar, de andar, na forma de ver direta do homem que se contrapõe à reserva feminina, por exemplo. Essa manifestação se dá em hábitos aparentemente inexpressivos, como a maneira de comer, que podemos considerar que no homem se dá com toda a boca, de garfo cheio, por exemplo, enquanto na mulher a contenção indica reserva ou dissimulação, já que, como observa Bourdieu, as virtudes dos dominados são sempre ambíguas. O corpo é, enfim, o campo de forças de uma hierarquia não expressa – entre sexos, "raças", classes ou grupos de idade –, contribuindo decisivamente para a naturalização da desigualdade em todas as suas dimensões.

É precisamente a partir da sua crítica às tradições intelectualistas das ciências sociais que Bourdieu é induzido a criar um aparato conceitual alternativo, que tem no conceito de *habitus* sua categoria central e mais inovadora, que permite "ressignificar" o esquecido e o naturalizado, que não são passíveis de ser apreendidos pela sociologia de tradição intelec-

---

6 *Ibidem*, p. 68.
7 *Ibidem*, p. 71.

A CONSTRUÇÃO SOCIAL DA SUBCIDADANIA

tualista. É esse aparato também, como veremos em breve, que permite a Bourdieu perceber dominação e desigualdade onde outros percebem harmonia e pacificação social. É isso que o faz fundamental para qualquer análise, das sociedades centrais ou periféricas, interessada em desvelar e reconstruir realidades petrificadas e naturalizadas. Mas será apenas na aplicação dessas categorias para a análise de sociedades concretas que poderemos tanto comprovar sua força quanto perceber suas deficiências, que também são graves.

DOMINAÇÃO PESSOAL E IMPESSOAL

Bourdieu parte do pressuposto de que toda sociedade constrói mecanismos mascaradores das relações de dominação operantes em todas as dimensões sociais. Seja entre as classes, entre os sexos, entre grupos de idade – todas as sociedades, modernas ou pré-modernas, produzem mecanismos específicos de "des-conhecimento" que permitem, ao refratar a percepção da realidade imediata, que as relações sociais de dominação ganhem autonomia própria ao "aparecer" como naturais e indiscutíveis. Toda sociedade, portanto, seja pré-moderna ou moderna, tende a naturalizar relações sociais contingentes e constituídas socialmente.

A forma que essa *illusio* assume, no entanto, é histórica e mutável. Bourdieu tende a chamar esse efeito encobridor e mascarador de "capital simbólico".[8] Seria a forma específica assumida em cada sociedade pelo mascaramento do efeito econômico, o qual, em sociedades pré-modernas como a dos cabila, que ele estudou na Argélia, assume a máscara de uma "ética da honra". Para Bourdieu, esse encobrimento é necessário sob a forma de relações pessoais em sociedades em que a economia ainda não logrou se diferenciar das outras esferas sociais. Historicamente, foram os gregos e romanos os primeiros a fazer essa distinção entre direitos

8 Hans-Peter Müller, *Sozialstruktur und Lebensstille*, 1997, p. 268.

pessoais e reais, e obrigações morais e contrato. Entre os cabila, no entanto, onde essa distinção inexiste, o capital simbólico equivale a uma espécie de autoilusão compartilhada por toda a sociedade, uma espécie de má-fé coletiva, como diz Bourdieu citando Sartre.[9]

Uma consequência extremamente interessante da quebra da ilusão criada pelo capital simbólico é o aparecimento da noção de "trabalho" como separada da noção de mera "atividade". No contexto operacional da lógica da honra, não há como separar trabalho produtivo de trabalho improdutivo. A consciência dessa separação atingiria o âmago mesmo do mecanismo de repressão e encobrimento que lhe permite funcionar. O "descobrimento" do trabalho pressupõe o desencantamento da natureza e sua redução à dimensão econômica. A "atividade" cessa de ser vista como um "tributo" pago à sociedade para ser percebida como um objetivo demarcadamente econômico.

Capital simbólico é capital negado e travestido. Só é percebido como legítimo quando desconhecido enquanto capital. Para Bourdieu, o capital simbólico, juntamente com o capital religioso, parece ser a única forma possível de acumulação quando o capital econômico é negado. O capital simbólico parece significar o capital, ou melhor, uma espécie de crédito social no sentido mais amplo, que logra transmutar-se e não revelar suas origens arbitrárias. Desse modo, capital simbólico pressupõe mascaramento e opacidade com relação às suas origens e ao seu funcionamento prático. Nas sociedades pré-modernas, como a dos cabila, esse mascaramento se dá pela negação do seu conteúdo (também) econômico. Nas sociedades modernas, ao contrário, é a raiz econômica da distinção social que se torna invisível. Nas sociedades pré-modernas, existe uma linha de continuidade entre as relações de troca mais ou menos simétricas da troca ritual de presentes até a assimetria das relações mais claras de dependência. Essa linha de continuidade é dada pela relação econômica mascarada sob o véu encobridor de relações morais.

---

9 Pierre Bourdieu, *op. cit.*, 1990, p. 114.

A CONSTRUÇÃO SOCIAL DA SUBCIDADANIA

É precisamente esse véu mascarador que permite aquilo que Bourdieu chama de "mais-valia simbólica",[10] no sentido de que relações aparentemente simétricas permitem a reprodução de trocas assimétricas, legitimando uma relação arbitrária. Esse tipo de obtenção de ganho assimétrico é típico de uma sociedade pré-capitalista que não permite a reprodução de uma dominação impessoal e quase automática a partir da lógica do mercado de trabalho. E é precisamente porque não pode contar com a violência implacável mas mascarada de mecanismos objetivos – o que permite dispensar os dominantes das custosas estratégias de reprodução das condições de possibilidade da dominação – que a sociedade pré-capitalista se vê obrigada a um tipo de relação social em que a violência física mais brutal e a relação pessoal mais "gentil", humana e carregada de sentimentalidade e emoções (em resposta, por exemplo, a "presentes" generosos que obviamente criam obrigações do mesmo tamanho) podem conviver ambiguamente.[11] Quanto mais difícil for o exercício da dominação direta, mais e mais seriam necessárias as formas mascaradas de dominação.

Do ponto de vista dos dominantes, o exercício dessa forma de dominação é extremamente custoso. Bourdieu alerta para o perigo de se considerar o aspecto material da ambiguidade como único decisivo, sendo o elemento não material um epifenômeno. A conversão do capital jamais é automática e implica sempre doação constante e pessoal também do dominador. O custo é pessoal em tempo, esforço e obrigações. Em um sentido importante, inclusive, a obediência dos próprios "superiores" às normas do grupo tem que ser exemplar de modo a garantir, na ausência de um imaginário social que se autoperpetua, a reprodução das relações de dominação pessoais.

Bourdieu avança até a interessante tese de que as formas de dominação são proporcionais e variam de acordo com o grau de objetificação

---

10 *Ibidem*, p. 123.

11 Um belo exemplo são as relações que unem o dependente e o seu protetor na sociedade (ainda) personalista do Brasil do século XIX.

do capital.[12] Na falta dessa objetificação, a dominação tende a assumir a forma pessoal. Na presença dela, por exemplo, sob a forma de mercado autorregulado, sistema educacional autônomo, aparato legal diferenciado etc., a dominação tende a assumir a forma impessoal, o que implica a opacidade e o automatismo típicos dos mecanismos além da compreensão e do poder dos indivíduos. O que caracteriza o exercício do capital simbólico nos dois contextos (pessoal e impessoal) é o mascaramento das precondições econômicas para o exercício de qualquer forma de dominação. Desse modo, o abandono da dicotomia econômico/não econômico é a porta de entrada principal nos segredos da dominação social.[13] Esse passo é necessário para que se perceba como práticas aparentemente desinteressadas podem ser vistas como práticas econômicas de maximização de ganhos materiais e simbólicos.

Sobre a especificidade da dominação no capitalismo avançado, Bourdieu acompanha a tese marxiana da "ideologia espontânea". O capitalismo logra desenvolver e de certa maneira "secretar" uma forma de dominação que não apenas não se mostra enquanto tal mas que também exime os dominadores do custoso trabalho de reprodução das relações de dominação. A ideologia mais bem-sucedida é precisamente aquela que não necessita de palavras e que se mantém a partir do silêncio cúmplice de sistemas autorregulados, que produzem, sob a máscara da igualdade formal e da ideologia do talento meritocrático, a "sociodiceia dos próprios privilégios" das classes dominantes.

A impessoalidade da dominação capitalista também pode ser percebida por meio da teoria dos capitais em Pierre Bourdieu. Nas sociedades modernas, são os capitais econômico e cultural que assumem o papel estruturante em lugar do capital social, ou seja, o conjunto de relações de conhecimento e reconhecimento que se constituem a partir

---

12 Pierre Bourdieu, *op. cit.*, 1990, p. 130.

13 *Ibidem*, p. 122.

do pertencimento a um grupo específico.[14] Embora o capital social seja também aqui decisivo para a sorte de carreiras individuais, a sociedade moderna não fundamenta mais seu funcionamento prioritariamente a partir dele.

A ESPECIFICIDADE DA DOMINAÇÃO SOCIAL NO CAPITALISMO

Uma exemplar e sob vários aspectos brilhante e original análise da sociedade contemporânea é levada a cabo por Bourdieu no seu talvez mais conhecido trabalho, *A distinção: crítica social do julgamento*. Embora seja um estudo teórico-empírico sobre a estrutura de classes da sociedade contemporânea francesa e, muito especialmente, do padrão de dominação simbólica que a possibilita, também pode ser compreendido como uma teoria geral do mecanismo peculiar assumido pela dominação de classes no capitalismo maduro ou avançado.

Dois aspectos parecem-me fundamentais para a compreensão da originalidade da reflexão de Bourdieu nesse ponto, para além da já discutida centralidade da categoria do *habitus* no seu ponto de partida epistemológico. Esses dois aspectos são: primeiro, a nova relação entre os diversos "capitais" no contexto do capitalismo maduro; segundo, em parte como consequência do primeiro aspecto, o lugar central da categoria do "gosto", do julgamento estético como principal forma, especificamente moderna, de produzir distinções entre indivíduos e classes. Quanto ao primeiro aspecto, temos em Bourdieu uma reversão radical da interpretação dominante acerca de precondições e efeitos de uma transformação estrutural intrínseca ao capitalismo como um todo, mas apenas visível em todas as suas virtualidades no capitalismo maduro ou tardio: a crescente importância socioeconômica do "conhecimento".

---

14 *Idem, Die verborgenen Mechanismen der Macht*, 1997, p. 63.

Já Karl Marx percebia a enorme importância do saber aplicado à produção. Em vários sentidos, o conhecimento útil e especializado necessário à reprodução de mercado e Estado foi um dos principais condicionantes estruturais da superação dos critérios adscritivos de sangue e família, em favor do "talento" individual de quem possuía a efetiva competência de exercer funções fundamentais da sociedade moderna a partir da incorporação de saber e conhecimento útil. De resto, como veremos, boa parte da ideologia meritocrática do individualismo como visão de mundo retira sua plausibilidade precisamente dessa possibilidade de o indivíduo se classificar socialmente por seu próprio esforço pela incorporação do saber e do conhecimento.

No entanto, seria apenas depois da Segunda Guerra Mundial que a importância do saber e do conhecimento passou a ser percebida em todas as suas virtualidades. É a partir dessa época que temos uma onda de análises acerca dos trabalhadores qualificados, os *white collars* e os gerentes, como uma nova classe entre proprietários e trabalhadores manuais. Daniel Bell declara, em *The coming of the post-industrial society* [A chegada da sociedade pós-industrial],[15] que propriedade e conhecimento se tornaram os fundamentos da estratificação das sociedades ocidentais desenvolvidas. Também Habermas aponta a superação do paradigma marxista do valor-trabalho, dada a nova relação entre conhecimento e produtividade capitalista.[16]

O que apenas Pierre Bourdieu percebeu, no entanto, e isso já bastaria para pô-lo entre os grandes pensadores da teoria social crítica, foi que o novo lugar estrutural de conhecimento e saber inaugura também uma nova forma, ainda mais opaca e intransparente, de dominação ideológica no contexto do capitalismo avançado. Ao contrário de um Talcott Parsons, por exemplo, onde o desempenho individual baseado na incorporação de conhecimento passa a ser compreendido

---

15 Daniel Bell, *The Coming of the Post-Industrial Society*, 1973, p. 43.
16 Jürgen Habermas, *Technik und Wissenschaft als Ideologie*, 1969.

A CONSTRUÇÃO SOCIAL DA SUBCIDADANIA

como a base de uma sociedade democrática e meritocrática,[17] temos em Bourdieu a hipótese inversa de que saber e conhecimento passam a ser a base de uma "ideologia espontânea" do capitalismo de novo tipo, criando e legitimando desigualdades iníquas e permanentes ao esconder sistematicamente as precondições sociais e econômicas de seu funcionamento. O capital cultural, ou melhor, as precondições sociais para a constituição e transferência de capital cultural são, nesse contexto, mais opacas e invisíveis do que as precondições que se aplicam ao capital econômico.[18]

Saber e conhecimento, em suas múltiplas variações fenomênicas, assumem em Bourdieu a forma de um "capital cultural" relativamente independente do capital econômico, dividindo o potencial de estruturar a sociedade e determinar o peso relativo das classes sociais e suas frações em luta por recursos escassos. Assim, na leitura de Bourdieu, precisamente o elemento percebido por todos como o aspecto mais visível e relevante do processo de democratização das sociedades desenvolvidas, depois da Segunda Guerra Mundial, apresenta a contraface nada inocente – a partir de seu modo de operação específico ao naturalizar relações sociais contingentes – de estabelecer um novo padrão, ainda mais sutil e sofisticado que os anteriores, de dominação simbólica mascaradora de relações de desigualdade.

Bourdieu procura constituir o que ele chama de "economia dos bens culturais", cuja lógica específica almeja descobrir. Para esse desiderato, faz-se necessário primeiramente deslocar a ênfase da cultura do seu conteúdo normativo que impregna o sentido cotidiano do termo, em favor de sua utilização pragmática, ou seja, como prática da vida cotidiana, envolvendo também nossas escolhas práticas mais banais e cotidianas como os gostos elementares e os sabores de comida. É aqui que entra em cena o segundo aspecto central da sua argumentação, ou

---

17 Hans-Peter Müller, *op. cit.*, 1997, p. 356.
18 Pierre Bourdieu, *op. cit.*, 1997, p. 57.

seja, a temática do "gosto", ou melhor, da competência estética, como elemento generativo das distinções sociais no capitalismo avançado. A competência estética como percebida por Bourdieu é uma contraposição à definição "idealista" de estética, como propugnada por Kant. Foi ele quem tornou famosas as distinções entre um gosto refletido *versus* gosto sensível; entre *Wohlgefallen* e *Genuss*; entre o belo e o agradável. Para Kant, essa faculdade é uma "dádiva" que alguns possuem e outros não.[19] O ataque de Bourdieu a esse ponto de vista se concentra em mostrar o quanto esse "gosto" é socialmente construído e demonstrar a íntima relação entre gosto e classe social. O que Kant chamava de faculdade do gosto é o que Bourdieu chamará de competência estética.

A competência estética para Bourdieu é uma função da combinação entre tempo escolar e origem familiar. A observação científica, como a que o próprio Bourdieu usa abundantemente em seu trabalho, demonstra que os gostos e necessidades culturais têm relação direta com a socialização familiar e o grau de escolaridade. O "gosto", longe de ser uma qualidade inata, como pressupunha Kant, seja aquele que se refere às escolhas cotidianas, seja aquele que se refere às escolhas "artísticas", corresponde a uma hierarquia social dos consumidores, o que o predispõe admiravelmente a servir como "marca de classe".[20] Bourdieu percebe o "encontro" de uma obra de arte com seu consumidor ou entre dois amantes não como o mistério do amor à primeira vista, mas como efeito da decodificação de um processo de socialização específico. Desse modo, cada classe social ou fração de classe teria uma "estética". A classe trabalhadora, por exemplo, o pano de fundo a partir do qual todas as outras classes se diferenciam, é caracterizada por uma relação de continuidade entre arte e vida, o que implicaria a subordinação da forma em relação à função em todas as dimensões do gosto.

---

19 Hans-Peter Müller, *op. cit.*, 1997, p. 310.
20 Pierre Bourdieu, *Distinction*, 1994, p. 11.

A CONSTRUÇÃO SOCIAL DA SUBCIDADANIA

O princípio da distinção, portanto, se constitui positivamente contra sua mistura com as funções práticas da reprodução material, por um lado, assim como por oposição à mistura ou confusão dos juízos estético e moral típicos da classe trabalhadora, por outro. Em outras palavras, e mais abstratamente, o princípio da distinção, elemento classificador por excelência para Bourdieu, define-se a partir de uma relação de sublimação das necessidades humanas primárias, percebida como fonte de todo o refinamento social e de toda a estilização da vida. Bourdieu percebe seu itinerário como uma espécie de "psicoanálise social" ou "socioanálise" na medida em que o "gosto" é a área por excelência em que se manifesta a "negação do social". Como se mostra uma conjunção entre razão e sensibilidade, ou seja, o apanágio da personalidade completa, o gosto serve magistralmente ao desiderato de "aparecer" como uma qualidade inata – a marca de toda aristocracia para Bourdieu, inclusive dessa moderna aristocracia da cultura[21] –, negando, portanto, sua origem social (educação e família).

O critério hierarquizador básico aqui é o capital cultural definido como a soma do capital educacional e a origem familiar. Para Bourdieu, o efeito de opacidade desse princípio legitimador da hierarquia entre as classes a partir do gosto fundamenta-se na oposição entre a alma, como reino da interioridade, e portanto da profundidade e do sagrado; e o corpo, sendo a "alma" o lócus do burguês em oposição ao corpo como o lócus do trabalhador e do homem vulgar. O leitor e a leitora podem observar desde já que Bourdieu, na verdade, transpõe para a luta de classes – embora de forma inarticulada e, portanto, incapaz de produzir seus efeitos de esclarecimento teórico – o aspecto essencial da genealogia valorativa desenvolvida por Taylor, como visto no capítulo anterior.

O processo primário de introjeção "naturalizada" desse critério legitimador de desigualdades se dá a partir da escola e da família, não

---

21 *Ibidem*, p. 26.

só em relação ao que se ensina explicitamente, mas antes de tudo a partir das práticas implícitas que essas instituições demandam. O que Bourdieu tem em mente aqui é a formação do *habitus* percebido como um aprendizado não intencional de disposições, inclinações e esquemas avaliativos que são "in-corporados" e naturalizados, permitindo ao seu possuidor perceber e classificar, sem mediação consciente e reflexiva, os signos opacos da cultura legítima. A disposição fundamental da cultura legítima para Bourdieu é a disposição estética. O ponto principal aqui é a criação de uma primazia da forma sobre o conteúdo, ou seja, da abordagem da arte – assim como da "arte da vida" que se forma a partir do mesmo princípio[22] – enquanto pura forma. Segundo Kant, a arte que precisa de charme e emoção para produzir prazer é bárbara. A estética da classe trabalhadora, ao subordinar a forma à função, seria o exemplo típico dessa noção de barbárie. A atitude estetizante, ao contrário, rejeita a subordinação da arte às funções da vida. O que transforma essa atitude estética numa visão de mundo e num "estilo de vida" é que ela é caracterizada pela suspensão ou remoção da necessidade econômica e, portanto, pela distinção objetiva e subjetiva em relação aos grupos sociais sujeitos a esses determinismos.

Essa "estética", portanto, e aqui reside a base do argumento de Bourdieu acerca da desconstrução do julgamento estético, está ligada à situação econômica de liberdade em relação à necessidade, o que permite precisamente a facilidade, a naturalidade e a suspensão existencial em relação às demandas do mundo material. Assim sendo, a disposição estética se revela apenas compreensível a partir de uma situação econômica de afirmação de poder sobre a necessidade e, consequentemente, implicando de maneira implícita uma reinvindicação de superioridade legítima em relação àqueles que se encontram sob o aguilhão dessas necessidades e urgências. Desse modo, o privilégio econômico pode se travestir de estético, separando o gosto premido pela necessidade e

---

22 *Ibidem*, p. 54-58.

A CONSTRUÇÃO SOCIAL DA SUBCIDADANIA

definido como vulgar do gosto da liberdade definido como "puro" e "desinteressado". Assim, o princípio "mais classificador" pode aparecer como o "mais natural".

Esse ponto explica também por que a ideologia do gosto natural é tão eficaz. É que na medida em que se impõe quase que casualmente na dimensão da vida cotidiana, "naturalizando" diferenças reais, o fundo socioeconômico *aparece* como diferença de natureza. Como Bourdieu ironiza, com muita perspicácia, "a cultura transforma-se em natureza mais uma vez. [...] Na competição entre os grupos privilegiados, inclusive, a vantagem é daqueles que possuem o modo mais insensível e invisível de aquisição. Por conta disso, a senioridade, no acesso à classe dominante, conta como decisivo".[23]

O efeito do "modo de aquisição" do gosto marca todas as escolhas cotidianas, desde a arte e a cultura legítima até o gosto por móveis, roupas e comidas. O senso de pertencimento a um mundo de perfeição, harmonia e beleza, transposto de forma tanto mais perfeita quanto mais inconsciente, irrefletida e "sem esforço", é o que confere solidariedade imediata e intuitiva, provocada pelas camadas mais profundas do *habitus*, forjando simpatias e aversões, fantasias e fobias, apoios e reprovações. Essa unidade e essa solidariedade profundas ocorrem "corpo a corpo", como o ritmo de uma música, dispensando palavras e pensamento conceitual.[24]

A noção fundamental que permite ligar esse conjunto disperso de disposições com estruturas que definem e prejulgam situações concretas é a noção de *habitus*. Retomada e reinterpretada profundamente por Bourdieu, como vimos acima, o *habitus* vai permitir redefinir de modo inovador a ideia de classe social e o pertencimento a ela. O *habitus* se define como uma forma pré-reflexiva de introjeção e inscrição corporal de disposições que condicionam um estilo de vida e uma visão de mun-

---

23 *Ibidem*, pp. 68, 73.
24 *Ibidem*, p. 80.

do específica. Desse modo, o *habitus* compartilhado confere sentido à noção de *"habitus* de classe" por associar objetivamente, para além de qualquer acordo consciente, pessoas numa mesma situação de classe. Assim, "classe" deixa de ser percebida a partir de propriedades ou de coleções de propriedades para ser definida como fundamento de "práticas sociais" similares, que permitem estratégias comuns e consequências compartilhadas mesmo na ausência de acordos conscientes e refletidos. O pertencimento à classe explica por que os indivíduos não se movem de modo arbitrário no espaço social. Concretamente, a partir da inclusão do conceito de campo social com lógicas homólogas específicas, temos que o conjunto de fatores envolvidos em todas as áreas da prática deve ser referido à lógica específica de cada campo de modo a determinar a relação entre classe e prática. É a lógica específica de cada campo que define quais são as disposições operantes e importantes nesse mercado, permitindo determinar a hierarquia dos agentes nesse campo a partir do tipo específico de capital que pode mobilizar.

O gosto, para Bourdieu, funciona como senso de distinção por excelência precisamente por separar e unir, constituindo, portanto, solidariedades e preconceitos de forma universal – tudo é gosto! – a partir de fios invisíveis e opacos. É a partir dessa ideia central que se constitui a ideologia espontânea da burguesia na alta modernidade. Ela permite assumir uma aparência de universalismo e de competição em igualdade de condições, de onde a burguesia sempre retirou sua legitimidade explícita, precisamente sob a assunção implícita de uma distinção natural – ao modo de qualquer aristocracia pré-moderna – tornada efetiva e possível por meios especificamente modernos e de singular opacidade.

A LUTA DE CLASSES NA MODERNIDADE TARDIA

A luta de classes e frações de classe na modernidade tardia assume, para Pierre Bourdieu, a forma de luta cultural pela hegemonia a partir

A CONSTRUÇÃO SOCIAL DA SUBCIDADANIA

da definição de cultura considerada legítima. A luta social é, antes de tudo, a luta pelo poder de definir, nos seus próprios termos, ou seja, nos da classe ou fração hegemônica, os esquemas classificatórios, em grande parte inconscientes e irrefletidos, o que irá servir como orientação de comportamento a todas as classes sociais sob seu jugo.[25] Como vimos, a forma de capital simbólico específica do capitalismo avançado traduz-se na naturalização de diferenças reais em distinções que tornam intransparente o seu "modo de aquisição". Ou seja, permitem sua percepção na dimensão da vida cotidiana como características inatas de seus possuidores. A "distinção" aparece como uma diferença "merecida", correta e justa, já que supostamente se basearia nos talentos inatos de seus possuidores.

O senso de distinção é uma faculdade das classes dominantes. Define-se de forma peculiar a partir do peso relativo dos capitais – especialmente do econômico e do cultural – que os indivíduos e frações de classe possuem, assim como pela sua trajetória social, que define o "modo de aquisição" e, por consequência, estrutura o modo de se relacionar com cada um dos capitais. A oposição mais importante entre as diversas frações da classe dominante é aquela existente entre as frações que incorporam paradigmaticamente o capital econômico ou o capital cultural. Bourdieu expõe, a partir desse raciocínio, as relações implícitas e opacas entre consumo cultural e estilo de vida como forma de garantir privilégios, reconhecimento social e autoestima.

Ser dono de um castelo não é apenas questão de dinheiro. Na verdade, essa aquisição quase sempre está associada a uma forma de estar em contato com a vida aristocrática e todos os seus privilégios e funções específicas. A significação profunda da vida aristocrática remete a um estilo de vida indiferente à passagem do tempo, que se expressa no cultivo de coisas de longo aprendizado como o conhecimento dos vinhos, das comidas exóticas e da jardinagem. O que é afirmado com

---

25 *Ibidem*, p. 479.

essa aquisição é a pretensão a uma certa noção de "personalidade", uma qualidade da pessoa,[26] que se manifesta na apropriação de um objeto de qualidade.

As frações de classe intelectuais, ou seja, as classes marcadas pela predominância do capital cultural em relação ao capital econômico, precisam, para produzir distinção, se contentar com formas exclusivas de apropriação, na falta do capital econômico. Assim, intelectuais e artistas desenvolvem uma predileção por estratégias de grande risco e, por isso mesmo, de grandes possibilidades de "lucro distintivo".[27] Estratégias como recuperação de comportamentos ou produtos culturais antes considerados *kitsch* e a redefinição do que é artístico ou de vanguarda são alguns exemplos. Nessas lutas por distinção entre as frações da classe dominante não estão em jogo apenas interesses econômicos, mas também psicológicos, ou seja, atitudes últimas em relação à vida. O que parece estar envolvido é a definição da "pessoa inteira", isto é, uma forma muito sublimada de defesa de interesses.

No âmbito das classes dominadas, temos duas atitudes distintas características da pequena burguesia e da classe trabalhadora. O que caracteriza a pequena burguesia é a "boa vontade cultural", o que espelha sua ansiedade por inclusão e aceitação. Por isso mesmo o pequeno-burguês é o típico consumidor do *kitsch*, por sua referência à cultura legítima. O que mostra que a cultura legítima não é feita para eles é o fato de que deixa de ser legítima tão logo apropriada por essa fração. O pequeno-burguês, por sua rigidez e ansiedade, não percebe o jogo da cultura como um *jogo*. É isso, precisamente, que o impede de exercer a naturalidade, a familiaridade e o exercício da distância distintivos daqueles que se percebem como fazedores da cultura. A boa vontade cultural, essa espécie de obediência servil a tudo que é legítimo, é um apanágio indispensável da necessidade de mobilidade

---

26 *Ibidem*, p. 281.
27 *Ibidem*, p. 282.

ascendente que é o alfa e ômega da personalidade pequeno-burguesa. É esta perspectiva que molda sua moralidade e sua relação com o mundo: rigoroso ascetismo nas frações ascendentes e rigor repressivo nas frações decadentes da pequena burguesia.

Mais interessante, no entanto, inclusive para o uso que faremos mais adiante da teoria bourdieusiana para nossos próprios propósitos, é sua concepção da classe trabalhadora. O ponto de partida de Bourdieu nessa questão não é livre de ambiguidades. Primeiramente porque a concepção de mundo, ou melhor, o *habitus* da classe trabalhadora, é uma categoria residual para Bourdieu na medida em que se define negativamente, por oposição às frações burguesas. Essa característica "reativa" do *habitus* da classe dominada no capitalismo por excelência faz com que o próprio Bourdieu repita, em seus termos, a alternância típica das abordagens de esquerda em relação à classe trabalhadora que ele mesmo critica.[28]

Afinal, o fato de a classe trabalhadora não participar da luta por distinção, precisamente a que instaura a "*illusio*" do jogo social – um jogo apenas mantido porque se acredita nele –, a credencia a uma certa "autenticidade" de escolhas e comportamentos apenas possível aos *outsiders* em geral. No entanto, a perspectiva dominante da análise bourdieusiana é aquela que enfatiza a vulnerabilidade e a dependência da classe trabalhadora em relação à cultura legítima. A classe trabalhadora é obrigada a fazer da "necessidade", ou seja, da dependência inexorável a um padrão mínimo de consumo e de estilo de vida ditado pela privação e ausência de meios, uma virtude. A definição dessa virtude é adaptar-se à realidade com sua consequente aceitação, internalização e incorporação da necessidade, que, paralelamente ao fato de ser imposta, passa também à "querida" e "desejada".

Essa necessidade é a base do extraordinário "realismo" das classes trabalhadoras, cuja experiência imediata é percebida como a única existente, o que implica o literal fechamento do horizonte do possível:

---

28 *Ibidem*, p. 183.

não existe outra linguagem, outro estilo de vida, outra forma de relação familiar.[29] Esse realismo é a base, por exemplo, da redução de todos os objetos ou práticas à sua função técnica. Em certo sentido, esse realismo também é aplicado à própria autopercepção dos trabalhadores, na medida em que virilidade e força física, expressões de uma dominação social que os reduz a corpos e força de trabalho animal, passam a ser a marca visível de todas as escolhas: nos esportes, na comida, na roupa, nas diversões etc.

Qualquer "pretensão" em cultura, linguagem ou vestimenta passa a ser suspeita de ser "burguesa", isto é, uma aceitação servil do padrão dominante, ou "feminino", o que toca na virtude básica da classe trabalhadora, a qual seria, de certo modo, também o fundamento da sua solidariedade grupal, na medida em que é expressão da coragem de seus membros: a virilidade.[30] Esse realismo implica, ao fim e ao cabo, que a classe trabalhadora se veja através dos olhos da classe dominante, reduzida à sua força de trabalho – pior, à pura atividade muscular.

Bourdieu percebe claramente os "efeitos" da dependência objetiva da autoestima das classes dominadas, seja em relação ao mercado a partir do salário e do status ocupacional, seja pela ação do sistema educacional que reproduz, ao seu modo, as hierarquias sociais.[31] No entanto, a ausência de uma concepção objetiva de moralidade como a reconstruída por Taylor, como vimos anteriormente, se mostra aqui em toda a sua importância; se Bourdieu pode falar dos "efeitos", pouco ou nada pode dizer de suas "causas" e da gênese específica dessas concepções de mundo hierarquizadoras que se fazem notar através da eficácia de certas instituições fundamentais. Esse é o ponto que apresento em detalhe no próximo capítulo, que trata da união das perspectivas dos dois autores analisados até aqui.

---

29 *Ibidem*, p. 381.
30 *Ibidem*, p. 382.
31 *Ibidem*, p. 387.

3. TAYLOR E BOURDIEU OU O DIFÍCIL CASAMENTO ENTRE MORALIDADE E PODER

Alguns comentários iniciais são importantes para evitar mal-entendidos. Não tenho ambição, aqui, de criar uma teoria nova a partir do diálogo com os autores citados. Eles obviamente são, em aspectos importantes, muito diferentes entre si e até inconciliáveis. Meu desejo é meramente utilizar o poder elucidativo e desvelador de ambas as teorias para iluminar um caso concreto: a experiência da naturalização da desigualdade em sociedades periféricas como a brasileira. Também não creio que os autores que citamos para esclarecer problemas concretos ou mesmo construir perspectivas teóricas alternativas tenham que partir necessariamente de uma moldura teórica semelhante para que possamos usá-los produtivamente. Isso não é verdade em nenhum dos casos de que consigo me lembrar de uso frutífero de tradições distintas de pensamento. Os casos de Karl Marx e Max Weber, ou de Karl Marx e Sigmund Freud, são ilustrativos a esse respeito. Esses autores, todos muito diferentes entre si, lograram, a partir da sua combinação, constituir não só correntes inteiras de pensamento instigante e inovador no decorrer de todo o século XX, mas também possibilitaram a proposição de novas questões não contempladas dentro da moldura teórica de suas próprias perspectivas originais.

O que é importante e decisivo no uso de diferentes autores é a existência de complementariedades que permita tanto o seu uso em contextos que provavelmente surpreenderiam os próprios autores quanto o aprofundamento de questões que somente o uso combinado dos mesmos permitiria. É precisamente esse o caso, a meu ver, da relação entre Charles Taylor e Pierre Bourdieu. As respectivas teorias desses autores apresentam não só complementariedades importantes, no sentido de que suas diferenças se combinam de forma produtiva, mas também similaridades não menos fundamentais de pontos de partida e pressupostos teóricos que tornam seu uso combinado ainda mais interessante e recomendável.

Comecemos com as semelhanças. O próprio Taylor, em seu texto "To Follow a Rule" [Para seguir uma regra], oferece uma interessante visão da aproximação entre as duas perspectivas que pretendo conjugar aqui.[1] Taylor, na realidade, aproxima Bourdieu e Wittgenstein tendo em vista um aspecto fundamental de sua própria teoria, que é a tentativa de romper e superar a concepção mentalista da experiência social. Tal concepção é representada pelo dualismo mente/corpo, ou seja, pela ideia de que a mente é uma entidade distinta do corpo, embora de algum o modo "habite" como um "fantasma dentro de uma máquina".[2] Desde Descartes, essa concepção tornou-se algo como a doutrina oficial sobre a relação mente/corpo. Para Taylor, tanto Wittgenstein quanto Bourdieu lograram desenvolver concepções que ajudam a perceber essa relação fundamental de outro modo. Taylor diz que "se Wittgenstein nos ajudou a romper a servidão filosófica do intelectualismo, Bourdieu começou a explorar como a ciência social deve ser refeita, desde que livre de seu ponto de partida distorcido".[3] Aqui, o inimigo comum é a tendência racionalista e intelectualista, dominante seja na filosofia, seja nas ciências sociais. Enquanto a tradição intelectualista nesses dois campos do conhecimento tende a perceber a compreensão de uma regra social, por exemplo, como um processo que se consuma no nível das representações e do pensamento, abstraindo seu componente

---

1 Charles Taylor, "To Follow a Rule", 1993.
2 Nicholas Smith, *Charles Taylor*, 2002, p. 21.
3 Charles Taylor, *op. cit.*, 1993, p. 59.

corpóreo e contextual, tanto Wittgenstein quanto Bourdieu enfatizam o elemento da "prática".

Obedecer a uma regra é antes de tudo uma prática aprendida, não um conhecimento. A "prática" pode ser articulável, ou seja, explicitar razões e explicações para o seu "ser deste modo e não de qualquer outro" quando desafiada. Mas, na maior parte das vezes, esse pano de fundo inarticulado permanece implícito, comandando silenciosamente nossa atividade prática e abrangendo muito mais que a moldura das nossas representações conscientes. Esse ponto de partida semelhante dos dois autores não é um aspecto contingente, secundário ou superficial. Representa, na verdade, o âmago da novidade radical desses autores no debate contemporâneo. Todo o esforço crítico de ambos é dirigido à crítica das concepções filosóficas ou sociológicas que abstraem indevidamente do componente radicalmente situado e contextual da ação humana.

Em Taylor, essa empreitada assume a forma de uma tentativa de ressignificar e articular o contexto não tematizado que, na realidade, guia e orienta toda ação humana, embora não tenhamos consciência dele na vida cotidiana. Sua luta contra o que ele chama de "naturalismo" dirige-se precisamente contra a ilusão do sentido (ou da falta de sentido) imediato. Também implica a necessidade de reconstruir a prática não articulada que comanda nossa vida cotidiana e articular a hierarquia de valores escondida e opaca que preside nosso comportamento, daí sua empreitada de nomear e reconstruir as fontes da nossa noção de *self*. Para Bourdieu, o mesmo fato torna urgente uma desconstrução da grande *"illusio"* social – ou seja, como em Taylor, uma reconstrução do sentido imediato visto como produto de consolidações acríticas de situações de dominação e opressão. Também para Bourdieu essa empreitada envolve uma ruptura com o intelectualismo e o mentalismo. O que para outros sociólogos é "internalização de valores", que enfatiza o aspecto mais consciente e refletido da reprodução valorativa e normativa da sociedade, para Bourdieu a ênfase seria, pelo contrário, no condicionamento pré-reflexivo, automático, emotivo e espontâneo, ou melhor, "inscrito no corpo", de nossas ações, disposições e escolhas.

O conceito de *habitus*, como vimos, diferentemente da tradição racionalista e intelectualizante, permite enfatizar todo o conjunto de disposições culturais e institucionais que se inscrevem no corpo e se expressam na linguagem corporal de cada um de nós, transformando, por assim dizer, escolhas valorativas culturais e institucionais em carne e osso. Esse ponto de partida comum marca de maneira indelével a forma como os dois autores percebem o afazer de uma ciência crítica: a recusa do "dado", da experiência imediata cuja opacidade nos confunde cognitivamente e nos torna impotentes moral e politicamente. O desafio se torna ainda maior na medida em que não apenas o senso comum da experiência cotidiana é paralisante, mas também a imensa maioria do que passa por ciência nos nossos dias e que retira sua força e plausibilidade precisamente de sua contiguidade com o senso comum, o que a exime de explicitar seus pressupostos.

Sem dúvida, malgrado esse ponto de partida comum, os dois autores desenvolvem perspectivas teóricas que tomam caminhos muito diferentes, fundamentando-se em visões de mundo que se tornam aspectos essenciais antinômicos. No entanto, mesmo essas divergências centrais são especialmente interessantes na medida em que me parecem complementares. A ênfase unilateral de cada um dos autores, em certas dimensões, nomeadamente a ênfase tayloriana na reconstrução do pano de fundo moral de nossas ações; e a ênfase bourdieusiana na dimensão da luta por poder relativo de pessoas e grupos, parecem-me compensar deficiências recíprocas dessas teorias, conferindo uma força peculiar à sua articulação combinada. São essas as razões que me animam a procurar, nesses dois autores, uma concepção alternativa não só da modernidade central, mas também, e especialmente, da modernidade periférica.

RECONHECIMENTO E LUTA DE CLASSES NO CENTRO E NA PERIFERIA

Boa parte da enorme influência dos escritos de Charles Taylor na última década tem a ver com sua intervenção no debate sobre multiculturalismo. Taylor realizou uma interessante e polêmica junção do tema do expressivismo, como desenvolvido em *As fontes do self*, ou seja, como possibilidade de expressão de uma individualidade original e única, para a dimensão social. Abrange, desse modo, todo um conjunto de minorias sociais com "diferenças" específicas em relação ao padrão dominante (o padrão liberal travestido de universal) e que deveriam também ser respeitadas enquanto tal. O reconhecimento da diferença – essa conquista cultural do século XIX, já que antes as pessoas não eram percebidas como possivelmente tão distintas entre si[4] – implica a possibilidade de pleitear uma reivindicação de "autenticidade", a qual, juntamente com o tema universalizante e homogeneizante da dignidade, constituiria o "excepcionalismo moral ocidental" e perpassaria todo indivíduo ou sociedade moderna.

Todo indivíduo ou sociedade moderna ocidental estaria constitucionalmente em conflito, pela potencial rivalidade entre essas duas concepções, dado que a nossa hierarquia moral subjacente e que comanda nosso comportamento e orientação no mundo assim o exige. Taylor, inclusive, considera que as democracias modernas deveriam ser avaliadas a partir da forma como tratam as minorias.[5] Uma enorme literatura acerca desse debate se constituiu com rapidez, e vários autores, diretamente influenciados por Taylor, passaram a pensar os conflitos políticos da modernidade tardia a partir da noção de respeito à diferença e da reivindicação de autenticidade.[6]

---

4 *Idem, The Ethics of Authencity,* 1991a, p. 28.

5 *Idem,* "The Politics of Recognition", 1994, p. 59.

6 Uma boa visão geral é oferecida pela coletânea de Cynthia Willett (org.), *Theorizing Multiculturalism,* 1998.

Embora, mais tarde, eu pretenda utilizar o tema tayloriano do expressivismo no contexto da minha discussão neste capítulo, meu interesse em sua obra se concentra primariamente na temática da "dignidade" e menos na questão da reivindicação de "autenticidade". Interessa desvelar o potencial constituidor e legitimador de "distinções sociais", ou seja, diferenças sociais tornadas naturais e legítimas, sob o véu mascarador das pretensas igualdade e universalidade que habitam a noção de dignidade. Não só pelo fato óbvio de que para alguém nascido na periferia o tema da institucionalização inadequada de garantias fundamentais do cidadão se impõe como fundamental, mas também, e especialmente, porque a discussão tayloriana desse ponto me parece uma revolução de grandes proporções no âmbito das ciências sociais.

O que torna a reflexão tayloriana de interesse para as ciências sociais é que sua reconstrução da "história das ideias" não é um fim em si. Sua estratégia é compreender a gênese ou arqueologia das concepções de bem e sua evolução a ponto de adquirir eficácia social. Esse ponto é crucial; não interessa a Taylor uma mera história das ideias, mas como e por que lograram tomar corações e mentes de pessoas comuns – daí sua empresa ser sociologicamente relevante. Portanto, o interesse de Taylor, em primeiro lugar, está na eficácia das ideias, não em seu conteúdo. Este último só é importante na medida em que explica as razões da sua aceitação coletiva.

É fundamental elucidar o ancoramento institucional das ideias que marcariam a especificidade do Ocidente moderno, dado que é a partir desse ancoramento que concepções de mundo, que antes só existiam na cabeça de pensadores isolados, logram efetividade social também para o grande público. Existem dois momentos na lógica de exposição de *As fontes do self* que marcam diferenças importantes desse ancoramento institucional. O primeiro ocorre no estabelecimento da hierarquia que marca a especificidade ocidental *lato sensu*, ou seja, o vínculo entre as ideias dominantes no Ocidente – o controle de paixões e afetos por uma razão agora percebida como interiorizada –, cuja eficácia é percebida como um processo interno à racionalização religiosa ocidental. O ancoramento institucional se dá na medida em que as hierarquias morais articuladas ideacionalmente são vinculadas a "interesses ideais" específicos a partir do "prêmio" particularmente religioso da salvação. Isso explica, como vimos, o lugar paradigmático de Santo Agostinho na empresa tayloriana.

Um segundo momento do ancoramento institucional dessa hierarquia moral, que constitui a modernidade ocidental *stricto sensu*, se dá no contexto de uma transformação provocada pela revolução protestante e que Taylor chama de "afirmação da vida cotidiana". Essa transformação é fundamental porque, ao mesmo tempo, continua e radicaliza o momento anterior de forma peculiar. A transvalorização propiciada pela Reforma Protestante tem a ver não só com a afirmação do valor do trabalho ordinário e secular como a base do reconhecimento social e da autoestima individual a partir da redefinição do caminho e do bem supremo da salvação no cristianismo reformado; mas também com a generalização e universalização de uma forma específica de "ser humano" que antes era apanágio de alguns virtuosos religiosos. A Revolução Protestante ascética transforma em um fenômeno de massa o que antes apenas existia em monastérios "fora do mundo", ou seja, uma concepção de personalidade racionalizada pela autodisciplina e pelo autocontrole.

Na leitura weberiana desse processo (Weber exerceu óbvia influência sobre Taylor nesse particular), essa transformação também implica uma "reificação da vida"[7] em todas as suas dimensões. Em Weber, o protestantismo ascético é uma espécie de "mediação evanescente"[8] entre o mundo religioso e o secular. A religião perde seu lugar paradigmático na condução normativa da sociedade como um todo precisamente ao se "realizar" como realidade efetiva. O "paradoxo das consequências"[9]

---

7 Wolfgang Schluchter, *Die Entwicklung des okzidentalen Rationalismus*, 1979, p. 229.

8 *Ibidem*, pp. 204-255.

9 Gabriel Cohn, *Crítica e resignação*, 1979, p. 144.

A CONSTRUÇÃO SOCIAL DA SUBCIDADANIA

aqui assume a forma de uma mensagem religiosa, aplicada com uma disciplina e consequência sem igual na história humana, que acaba transformando o mundo profano fundamentalmente no sentido da institucionalização de uma concepção de mundo secular que dispensaria a legitimação religiosa.

Esse é o sentido da metáfora da "casa da servidão" no final de seu livro clássico sobre a ética protestante. O manto do santo, que ainda escolhe a direção a dar à sua própria vida, transforma-se, para nós, mulheres e homens modernos nascidos nas novas condições institucionais, em uma casa da servidão que constrange todos de forma inelutável. Esse também é o núcleo da "perda de sentido" e da "perda da liberdade" como precondições não escolhidas do mundo moderno no contexto do ambíguo diagnóstico weberiano da época. O novo aparato institucional coercitivo e disciplinarizador do mundo moderno, antes de tudo representado pelo complexo formado por mercado e Estado, é percebido como incorporando um princípio formal de adequação meio/fim, medido por critérios de eficiência instrumental. É desse modo que tanto Talcott Parsons como Jürgen Habermas também perceberão, ainda que de forma modificada a partir do conceito de sistema, a ação conjunta desse complexo institucional, a fim de pleitear uma lógica normativamente neutra como fundamento de seu funcionamento.

Para Taylor, no entanto, esse tipo de interpretação equivale a duplicar, na dimensão conceitual, a "naturalização" que a ideologia espontânea do capitalismo produz a partir da eficácia e do modo de funcionamento de suas instituições fundamentais. A estratégia genealógica de Taylor, virtualmente paralela aos grandes "geneologos" da modernidade como Freud, Nietzsche e Marx, pretende precisamente recapturar um acesso simbólico e valorativo que retira a neutralidade e a ingenuidade dessas instituições fundamentais que determinam nosso comportamento social em todas as suas dimensões. Nessa reconstrução, o que vem à baila é o "retorno do reprimido", ou seja, do sentido normativo, contingente, culturalmente constituído e de modo algum neutro, que habita o núcleo mesmo de funcionamento dessas instituições.

TAYLOR E BOURDIEU OU O DIFÍCIL CASAMENTO ENTRE MORALIDADE E PODER

Mesmo em autores que se empenharam em descobrir a lógica normativa e simbólica imanente à "ideologia espontânea" do capitalismo, a começar pelo maior dentre eles, Karl Marx, o que temos é uma análise da morfologia estrutural da dinâmica da produção e da circulação de mercadorias no capitalismo, levando à ilusão da troca justa do mercado. Mas inexiste uma reconstrução da hierarquia valorativa contingente que divide os seres humanos em mais e menos, em classificados e desclassificados, em bem-pagos e malpagos, cuja opacidade é apenas reduplicada, mas não constituída, pelo corte entre produção e circulação das mercadorias. Também em Georg Simmel, a quem devemos uma análise percuciente e abrangente da forma de sociabilidade específica à "economia monetária", o que temos é um estudo dos "efeitos" da generalização da lógica do mercado a todas as esferas sociais.[10] Simmel analisa, com o brilhantismo e a agudeza que lhe são peculiares, de que modo a universalização da mediação do dinheiro de certa maneira "esquematiza", no sentido kantiano do termo, todas as nossas percepções, emoções e relações sociais no novo contexto. Mas também nele inexiste um tratamento sistemático do componente valorativo opaco, implícito e contingente atualizado pelo mercado.

Não consigo lembrar de um autor clássico ou contemporâneo que tenha chegado tão longe quanto Charles Taylor nesse desiderato. É por isso que sua luta contra o naturalismo, que recobre tanto a prática científica e filosófica quanto a prática cotidiana de todos nós, parece-me tão decisiva e revolucionária no âmbito das ciências sociais. Como veremos, ela permite colocar a questão do subdesenvolvimento periférico e da modernização dessas sociedades em outros termos que não os do paradigma etapista, e da oposição simples entre tradicional/moderno ainda operante sob roupagens e máscaras diversas. Afinal, a "morte" de um paradigma teórico não pode apenas ser "decretada", como no caso da teoria da modernização,[11] que continua dominando a

---

10 Georg Simmel, *Die philosophie des Geldes*, 1989, pp. 292-338.
11 Wolfgang Knöbl, *Spielräume der Modernisierung*, 2002, p. 156.

A CONSTRUÇÃO SOCIAL DA SUBCIDADANIA

imaginação sociológica acerca dessas questões no centro e na periferia. A superação de um paradigma teórico (que nunca é apenas teórico na medida em que forma a visão de mundo das elites políticas e intelectuais, circunscrevendo seu horizonte de ação) não se dá apenas pela inadequação, ainda que óbvia, de seus pressupostos. Só se deixa superar pela construção explícita de um paradigma alternativo que explique as questões centrais do antigo paradigma de forma mais convincente, dando conta de falhas e silêncios do modelo anterior.

Não creio que tal ponto seja somente importante para a análise de sociedades periféricas. A reconstrução da lógica valorativa opaca, que comanda a "ideologia espontânea" do capitalismo tardio, é um passo fundamental para a análise das sociedades modernas em geral, pois permite desconstruir não apenas a naturalização da desigualdade periférica, mas também a eficiente "ilusão da igualdade de oportunidades", ou seja, a base da legitimação da dominação política das sociedades industriais avançadas. Esse é um ponto, como veremos, caro a Pierre Bourdieu. No entanto, como também espero que fique claro na discussão a seguir, o ponto de partida de Bourdieu é unilateral e necessita de uma base valorativa objetiva, ancorada institucionalmente, como acredito ser possível reconstruir a partir da contribuição tayloriana.

A ressignificação da lógica implícita e contingente que preside a ação de mercado e Estado levada a cabo por Taylor é um passo fundamental para esse projeto. Abre-se a partir disso, a meus olhos, todo um conjunto de questões que permanecia numa espécie de limbo na percepção científica. A genealogia tayloriana permite "re-culturalizar", "re-significar" e, a partir disso, "re-construir" e "re-socializar" uma hierarquia implícita já naturalizada pela opacidade da forma de atuação dessas instituições. Taylor consegue isso na medida em que leva sua visão do ser humano, enquanto um *"self-interpreting animal"*,[12] à radicalidade. No limite, tudo é interpretação. No âmago mesmo do projeto tayloriano reside a convicção de que a realidade humana é estruturada e constituída por

---

12 Hartmut Rosa, *Identität und kulturelle Praxis*, 1998, pp. 84-98.

camadas de significado.[13] O desafio do pensamento crítico – e nesse particular, como vimos, o desiderato de Taylor é inteiramente consoante ao de Bourdieu – é ressignificar as camadas de sentido "naturalizadas" pela prática social, ou seja, reduzidas à opacidade e à intransparência.

A gênese do *self* pontual em Taylor é passível de ser interpretada como a pré-história das práticas sociais disciplinarizadoras, tendo o mercado e o Estado como as mais importantes. É o fruto de escolhas culturais contingentes que, de forma implícita e intransparente, mas de nenhum modo neutra, impõem um modelo singular de comportamento humano definido como exemplar e uma hierarquia que decide o valor diferencial dos seres humanos. É esse modelo implícito e singular que vai premiar, crescentemente, a partir do seu ancoramento institucional – em termos de prestígio relativo, salário e status ocupacional – os indivíduos e classes que dele mais se aproximam e castigar os desviantes.

Para as gerações que nascem sob a égide das práticas disciplinarizadoras já consolidadas institucionalmente, esse modelo contingente assume a forma naturalizada de realidade autoevidente que dispensa justificação. Responder aos imperativos empíricos de Estado e mercado passa a ser tão óbvio quanto respirar ou andar. Não conhecemos qualquer outra forma de ser, e desde a mais tenra infância fomos feitos e continuamente remodelados e aperfeiçoados para atender a esses imperativos. É essa realidade que permite e confere credibilidade às concepções científicas que desconhecem a lógica normativa contingente desses "subsistemas". Ela assume a forma de qualquer outra limitação natural da existência, como a lei da gravidade, contra a qual nada podemos fazer.[14]

---

13 Nicholas Smith, *op. cit.*, 2002, p. 18.

14 Não admira que em uma teoria crítica como a habermasiana, que admite esse tipo de construção em seu interior, perceba os conflitos sociais, preferencialmente, apenas no *front* entre sistema e mundo da vida, e não mais dentro das realidades sistêmicas. Ver crítica de Johannes Berger, *Die Versprachlichung des Sakralen und die Entsprachlichung der Ökonomie*, 1986.

A CONSTRUÇÃO SOCIAL DA SUBCIDADANIA

Recapitulemos, ainda que brevemente, as linhas centrais da reconstrução tayloriana da hierarquia valorativa implícita na formação do *self* pontual: controle da razão sobre emoções e pulsões irracionais; interiorização progressiva de todas as fontes de moralidade e significado; entronização concomitante das virtudes de autocontrole, autorresponsabilidade, vontade livre e descontextualizada; e liberdade concebida como autorremodelação em relação a fins heterônomos. Esse conjunto articulado e referido mutuamente de virtudes passa a ser, com seu crescente ancoramento institucional, o alfa e ômega da atribuição de respeito e de reconhecimento social, por um lado, e o pressuposto objetivo da própria autoestima individual, por outro. Essas precondições constituem a "dignidade" específica da agência racional em seu conjunto, ou seja, passam a ser o fundamento da percepção diferencial de cada qual como digno ou não de valor a partir dessa "pré-compreensão" social produzida por meios intersubjetivos e de visões compartilhadas.

Essas visões intersubjetivas, no entanto, são "inarticuladas" no sentido tayloriano do termo, ou seja, não aparecem explicitamente à consciência enquanto tais. Nós só as experenciamos a partir de seus "efeitos" no nosso comportamento efetivo, comandado pela hierarquia valorativa implícita a essas visões de mundo, cujas fontes, não obstante, são intransparentes e obscuras para nós. Uma interessantíssima comprovação empírica dessa tese é o trabalho de Robert Bellah e sua equipe em *Habits of the Heart* [Hábitos do coração].[15] Eles chegam à conclusão de que os norte-americanos de classe média possuem "duas linguagens" – uma explícita e articulada do individualismo possessivo e instrumental; e outra valorativa e densa – que se manifestariam nas entrelinhas e falhas da linguagem anterior, incapaz de articular, por seus próprios meios, vínculos afetivos e solidariedade social.

Essa reconstrução explícita do ancoramento institucional da hierarquia valorativa subjacente ao racionalismo e ao individualismo ocidental

---

15 Robert Bellah *et al., Habits of the Heart,* 1985.

não é feita pelo próprio Taylor. Ele fala vagamente sobre "práticas institucionais disciplinarizadoras" como produto/produtoras do *self* pontual moderno.[16] No entanto, considero que esse passo é fundamental para um uso mais frutífero e mais abrangente de sua genealogia da hierarquia valorativa subjacente ao capitalismo e ao racionalismo ocidentais.

Até agora, a enorme influência de Taylor no debate contemporâneo tem se concentrado na temática do multiculturalismo. E isso, em grande parte, por iniciativa do próprio autor, interessado em intervir em debates políticos conjunturais de seu próprio país e de outras sociedades avançadas. Assim, entre as fontes morais reconstruídas na sua genealogia do Ocidente, como as fontes últimas do reconhecimento social e da autoestima individual, ou seja, a "dignidade" do agente racional no sentido do *self* pontual, e a "autenticidade" da expressão da originalidade e particularidade de cada qual, a proeminência teórica e política fica decididamente com a última. Vejo dois problemas associados a essa escolha. Por um lado, é sem dúvida extremamente interessante o uso que Taylor faz da noção de autenticidade, também como uma dimensão pública, do que ele chama de expressivismo em *As fontes do self*. A partir do final do século XVIII, as pessoas começaram a perceber que as diferenças entre os seres humanos podem ser significativas o bastante para legitimar um modo próprio e original de ser,[17] instituindo uma fonte de reconhecimento social, independentemente da demanda por igualdade e direitos universalizáveis.

De maneira significativa, a leitura tayloriana permite dar conta da mudança histórica importante nas lutas sociais dos países avançados, que efetivamente durante todo o século XIX e a primeira metade do XX havia se concentrado nas demandas crescentes por igualdade e expansão da cidadania no sentido da expansão e consolidação do princípio da "dignidade". A partir da segunda metade do século XX,

---

16 Charles Taylor, *Sources of the Self*, 1989, p. 175.

17 *Idem*, *op. cit.*, 1994, p. 30.

A CONSTRUÇÃO SOCIAL DA SUBCIDADANIA

no entanto, as demandas em favor de uma "política da diferença",[18] ou melhor, as demandas em favor do respeito a diferenças específicas em relação a um padrão cultural dominante (o movimento feminista é o melhor e o politicamente mais bem-sucedido exemplo), tendem a ganhar proeminência. Nas últimas décadas do século passado, as lutas de minorias raciais, culturais e de orientação sexual apenas tornaram essa evidência ainda mais transparente.

Apesar dos problemas associados à passagem da dimensão individual e privada do tema da autenticidade à sua dimensão política e pública,[19] o esforço de Taylor em perceber hegelianamente a dimensão da autenticidade como aprofundamento e superação da dimensão universalizante e homogeneizante da dignidade parece-me uma contribuição decisiva para a compreensão dessa nova dimensão política das sociedades modernas centrais ou periféricas. No entanto, a problemática dessa escolha parece-me residir tanto no aspecto teórico quanto no político. Teoricamente, implica uma concepção muito rasa de reconhecimento por dignidade que Taylor termina por definir residualmente em relação à noção mais rica e multifacetada de reconhecimento por autenticidade. Politicamente, como uma consequência do aspecto teórico aqui já referido, Taylor parece partir da assunção de uma igualdade efetiva, pelo menos tendencial, nas sociedades avançadas do Estado de bem-estar social, cujo conflito central agora seria marcado pelas demandas de reconhecimento da diferença. Tanto é assim que ele mesmo define como novo critério de avaliação do potencial democrático das sociedades liberais o modo como tratam as minorias.[20]

A mesma tendência se verifica em autores diretamente influenciados por Taylor, como Nancy Fraser. Ela monta engenhosamente um quadro do que considera a nova constelação política do contexto

---

18 *Ibidem*, p. 38

19 Seyla Benhabib, *Kulturelle vielfalt und demokratische Gleichheit*, 1999, p. 42.

20 Charles Taylor, *op. cit.*, 1994, p. 59.

"pós-socialista" a partir do dualismo entre demandas por redistribuição – igualdade no acesso a bens e serviços – e por reconhecimento da diferença específica de grupos sociais minoritários. O remédio para injustiças no primeiro campo seriam reestruturações econômicas de algum modo. O remédio para injustiças no segundo seria, ao contrário, alguma forma de mudança cultural ou simbólica de consensos espúrios e excludentes. O problema com esse modelo é análogo ao detectado anteriormente. Apesar de não só reconhecer mas também enfatizar o fato de que as demandas por redistribuição também têm um núcleo cultural e simbólico, Fraser parece não perceber, pelo menos com toda a desejável consequência, que apenas pela ação de consensos culturais opacos e intransparentes são possíveis a existência e a legitimidade do acesso desigual a bens e serviços:

> O remédio para a injustiça, consequentemente, é redistribuição e não reconhecimento. Transcender a exploração de classe requer reestruturar a economia política de tal modo a alterar a distribuição classística dos custos e benefícios sociais. [...] A última coisa de que se necessita é do reconhecimento da sua diferença. Pelo contrário, o único modo de remediar a injustiça é acabar com a o proletariado enquanto classe.[21]

Reconhecimento, para Fraser, é apenas reconhecimento da diferença no sentido do princípio da autenticidade. Não contempla a hipótese de que a desigualdade entre classes também esteja baseada em princípios que envolvem reconhecimento – ou melhor, no caso em pauta, não reconhecimento. Ou seja, princípios que adquirem eficácia a partir de regras opacas e aparentemente impessoais, que de forma subpolítica e subliminar condenam classes sociais inteiras ao não reconhecimento social e à baixa autoestima e, a partir disso, à legitimação de um acesso diferencial a bens e serviços escassos. Sua assunção de que também a

---

21 Nancy Fraser, "From Redistribution to Recognition?", 1997, pp. 17-18. Tradução minha.

desigualdade no acesso a bens e serviços é permeada culturalmente parece-me inócua, na medida em que esses padrões culturais não são explicitados e permanecem, de algum modo, como mera petição de princípios. Essa explicitação, no entanto, seria fundamental para definir a real articulação entre os consensos valorativos implícitos e operantes num caso e no outro. Como se relacionam? Quais são os elementos comuns ou distintos em cada um dos consensos? Eles se interpenetram? Há vínculos preponderantes de dominação ou de autonomia na relação entre esses dois universos simbólicos? Como o consenso valorativo por trás da desigualdade de fundo econômico jamais é explicitado, apesar de afirmado, não temos a menor condição de responder a essas questões seguindo o esquema proposto por Fraser.

Sem dúvida, não é caso de Taylor. Reconhecimento, para ele, como consenso contingente e culturalmente produzido, é uma categoria que se aplica tanto à noção de dignidade – pressuposto do respeito socialmente construído, que confere força e obrigatoriedade à "ideia" de igualdade, e da eficácia da norma jurídica da igualdade perante a lei – quanto à noção de autenticidade e respeito à diferença. Além disso, dignidade e autenticidade são princípios também complementares, não apenas antagônicos. Taylor certamente não imaginava – nem Fraser – que as lutas pela desigualdade econômica simplesmente cediam lugar às lutas por respeito à diferença. Ele tem perfeita consciência que nos dois casos trata-se de consensos valorativos contingentes, frutos de relações de dominação também contingentes. No entanto, talvez premido por compreensíveis necessidades de intervenção em debates conjunturais, apenas o último aspecto tem merecido sua atenção concentrada.

Desse modo, ainda que talvez seja o teórico contemporâneo que tem mais a dizer acerca da hierarquia valorativa opaca e intransparente que comanda nossa vida cotidiana em todas as suas dimensões, Charles Taylor não vincula sua reflexão nessa dimensão genealógica fundamental a uma teoria da ação social no sentido weberiano do termo, ou seja, à relação entre classes e grupos sociais em luta por recursos escassos, onde interpretação significa imediatamente legitimação do acesso privilegiado a esses recursos. Ele não vincula, portanto, sua genealogia da hierarquia valorativa do Ocidente a uma teoria da distinção social no sentido bourdieusiano do termo.

Tal passo me parece, no entanto, fundamental para o aproveitamento de toda a riqueza do seu próprio ponto de partida genealógico e potencialmente desconstruidor da "ideologia espontânea do capitalismo tardio". Acredito também que esse plano de vincular o projeto tayloriano a uma teoria da distinção social exige enfatizar a dimensão do reconhecimento por dignidade em desfavor do tema do reconhecimento por autenticidade pelo menos do modo como ele propõe. E isso não porque acredite que um estudioso da periferia tenha que privilegiar o aspecto da igualdade – pelo óbvio abismo que separa sociedades centrais e periféricas nesse particular – em relação ao complexo temático do respeito à diferença. Como uma sociedade desigual, multicultural e preconceituosa em todas as dimensões, uma sociedade periférica como a brasileira possui, também, os dois aspectos como desafios simultâneos e inexoráveis.

A escolha se dá, em primeiro lugar, pelo meu convencimento de que a articulação, no sentido tayloriano do termo, do consenso valorativo e cultural implícito no reconhecimento a partir do tema da dignidade tem vinculações ainda mais profundas com o tema do respeito à diferença do que é normalmente admitido. Em outras palavras, os mecanismos opacos e subliminares por trás da divisão entre as classes se legitimam a partir de critérios que parecem também legitimar a desigualdade entre homens e mulheres, ou entre brancos e negros. É essa reconstrução que gostaria de tentar a seguir a partir do tema do ancoramento institucional da hierarquia valorativa de Taylor.

Em segundo lugar, apesar do enorme avanço social das sociedades de bem-estar na superação de conflitos sociais mais virulentos, não estou convencido de que os patamares de igualdade efetiva nessas sociedades sejam os desejáveis. Creio também, com Pierre Bourdieu, que apenas

A CONSTRUÇÃO SOCIAL DA SUBCIDADANIA

a ação de mecanismos sutis e intransparentes de dominação consegue legitimar a perpetuação de desigualdades iníquas também nessas sociedades. É a ação desses mesmos mecanismos, acredito, que permite naturalizar e consequentemente legitimar, também nas sociedades periféricas, níveis abismais de desigualdade e injustiça social.

Considerar as sociedades centrais e periféricas como modernas, portanto, significa perceber que os princípios fundamentais de organização social são – ao contrário das teorias tradicionais e contemporâneas da modernização em todas as suas variações, inclusive as "da sociologia do hibridismo" tão em voga – os mesmos, nos dois casos, ainda que com resultados e consequências muito distintos do ponto de vista econômico, social e político, para cada um desses tipos de sociedade.

A ARTICULAÇÃO DO MUNDO SOCIAL NATURALIZADO

Para avançarmos na nossa discussão e tornar a reconstrução filosófica tayloriana utilizável para a análise empírica e sociológica em toda a sua riqueza, é necessário demonstrar de que modo a hierarquia valorativa subjacente à lógica de funcionamento e reprodução de instituições fundamentais do mundo moderno se vincula e se expressa em signos sociais visíveis. A investigação do seu modo de "aparecimento" é fundamental na medida em que pode esclarecer tanto a eficácia de uma estrutura implícita e invisível enquanto tal como também seu efeito de "encobrimento" específico, o que permite perceber seu funcionamento ideológico como mecanismo mascarador e legitimador de relações desiguais.

Recapitulemos, em linhas gerais, o fio condutor do nosso argumento até aqui.

A reconstrução tayloriana é fundamental para nossos propósitos na medida em que permite um acesso simbólico e cultural a estruturas reificadas que se apresentam como valorativa e normativamente neutras, incorporando princípios gerais e abstratos de eficiência. Essa reconstrução implica também um modo completamente novo de perceber a influência de fatores culturais e simbólicos. Diferentemente de uma concepção essencialista de cultura que a percebe como uma entidade holística e indiferenciada – a exemplo das investigações que supõem uma herança cultural secular pré-moderna para as sociedades periféricas, como se fossem infensas à eficácia de instituições do peso estruturante de mercado e Estado –, temos aqui um modelo de análise que permite perceber como escolhas culturais e valorativas contingentes adquirem eficácia singular precisamente ao se travestirem, nos seus efeitos, de princípios neutros, universais e meritocráticos.

Supera-se com isso também aquela forma de sociologia que pressupõe a existência de valores e instituições como grandezas independentes que se contrapõem mutuamente. Instituições passam a ser grandezas perpassadas por valores e escolhas avaliativas e não podem ser pensadas sem elas. A oposição entre o material e o simbólico assim como entre materialismo e idealismo se desvanece e perde o sentido quando percebemos, como Taylor o faz, que o que está em jogo aqui são apenas diferenças nas formas como sentido e significado adquirem materialidade e eficácia. As ideias não se contrapõem a estruturas materiais de forma antagônica pelo simples fato de que são perpassadas por ideias e valores que lhes dão, por assim dizer, "sangue e carne".

Para o *"self interpreting animal"* que todos somos, tudo é sentido e valor, e existem apenas camadas distintas de significado, que se diferenciam pelo grau de articulação/inarticulação relativo, mas não há uma oposição entre o sentido e o não sentido ou entre o valorativo e o valorativamente neutro. Seguir esse *approach* tayloriano na sua radicalidade é perseguir a ressignificação de sentidos e escolhas valorativas cristalizados e naturalizados; é novamente fazer visível o reprimido e o esquecido na vida social; é tornar de novo criação cultural contingente e precária o que já havia se tornado, mais uma vez, natureza e invisibilidade. No entanto, essa missão não é fácil, nem destituída de armadilhas. Primeiramente, existe um enorme abismo entre o nível de abstração de uma reconstrução da hierarquia valorativa por trás do *self* e do racionalismo ocidental e a forma efetiva e concreta a partir da qual essa hierarquia adquire eficácia na vida cotidiana de dada sociedade específica. É precisamente no espaço dessa distância, a meu ver, que podemos inserir a questão da dominação e da produção da distinção social a partir dos princípios gerais que infirmam aquela hierarquia específica.

Em segundo lugar, parece existir uma hierarquia entre os próprios princípios que informam o racionalismo ocidental. A meu ver, a oposição mais fundamental e central é aquela entre mente e corpo, cabendo à primeira a primazia do ser. Essa é a concepção que Taylor percebe já em Platão, a qual adquire seu sentido ocidental específico. No entanto, apenas com a virada agostiniana para o interior, abrindo caminho para a noção ocidental moderna de mente como lócus de um conteúdo intrapsíquico que se contrapõe ao corpo como um "fantasma que habita a máquina" (*a ghost in the machine*). Essa concepção pode ser vista como inauguradora da concepção de mundo e hierarquia valorativa ocidental em sentido amplo, na medida em que passa a definir o caminho de salvação especificamente cristão a partir da herança agostiniana. Também parece ser a oposição binária mais geral e mais abstrata no sentido de que falamos anteriormente. Afinal, não só a divisão entre as classes, mas também a oposição entre as minorias sexuais, raciais e culturais e a cultura dominante vão assumir a forma da oposição entre mente e corpo. Entre as classes, o capital cultural, o trabalho intelectual e mental das frações burguesas, é que vai se opor ao trabalho muscular, manual e corporal das classes trabalhadoras como instância legitimadora do diferencial de salário e prestígio relativo.

Como fundamento da desigualdade de gênero, também o homem é percebido como a instância calculadora e racional, por oposição à mulher, definida como o lugar do afetivo, do emocional e da sensualidade, da corporalidade, enfim, numa diferenciação sexual que reproduz os mesmos termos da oposição entre as classes. O branco e europeu, do mesmo modo, passa a ser percebido, no contexto da luta intercultural, como o índice das virtudes intelectuais e morais superiores, enquanto o negro é identificado, como as mulheres, com o corporal e o sensual, ou seja, as virtudes ambíguas dos dominados.

No segundo instante da genealogia tayloriana, temos a constituição do *self* e do racionalismo ocidental em sentido estrito. A Reforma Protestante é, como já vimos no capítulo dedicado à reconstrução da teoria tayloriana, o elemento decisivo. A Reforma aprofunda e radicaliza a orientação internalizadora e interiorizadora em todas as direções analisadas por Taylor. Como sempre, a comparação com Max Weber é muito elucidativa. Contudo, o aprofundamento e a radicalização aqui mencionados têm a ver, para Weber, com a constituição de uma personalidade e uma condução da vida culturalmente contingente que transforma a oposição entre razão e sentidos, ou entre mente e corpo, no núcleo da noção de virtude e reconhecimento social destinada a ser entronizada em todas as dimensões da nova sociedade que se constituía.

O Ocidente, na sua versão especificamente moderna, nasce para Weber precisamente a partir da constituição de uma noção altamente improvável de "condução da vida" (*Lebensführung*) que vai secundarizar todos os aspectos tradicionais, emocionais e sentimentais em nome de um único princípio-guia, ao qual o comportamento humano, em todas as suas dimensões, deveria estar subordinado. É essa "racionalização da vida" (*Durchrationalisierung des Lebens*) a partir de um princípio único – a transformação da realidade externa em nome de princípios religiosos – que está por trás da constituição de todas as criações institucionais que singularizam o Ocidente, acima de tudo a constituição de mercado competitivo e Estado racional centralizado.[22] Esse princípio é culturalmente contingente e altamente improvável, como o próprio Weber comprova sobejamente no seu monumental estudo comparati-

---

22 Max Weber, *Die protestantische Ethik*, 1948, p. 12.

A CONSTRUÇÃO SOCIAL DA SUBCIDADANIA

vo acerca das grandes religiões mundiais. Onde resquícios mágicos e irracionais dificultaram a construção de uma noção de personalidade e, consequentemente, de uma condução da vida racionalizada a partir de um princípio único (e este é o caso de todas as culturas e grandes religiões mundiais analisadas no seu estudo comparativo, com exceção do Ocidente anglo-saxônico), a força paralisante e conservadora do tradicionalismo impediu qualquer forma de mudança social que, ainda longinquamente, pudesse ser comparável à enorme revolução em todas as esferas sociais do Ocidente moderno.

Também Weber, como Taylor, percebe as ideias e visões de mundo como anteriores à constituição de práticas institucionais formadas a partir do pano de fundo, e apenas compreensíveis sob tal, desse novo contexto simbólico e ideacional.

> De modo que a condução da vida e a concepção de vocação que mais se adaptam ao capitalismo pudessem ser "selecionadas", ou seja, vingar na competição com outras, tinham elas que já ter sido obviamente *construídas*, e na verdade não por indivíduos isolados, mas sim internalizadas e "portadas", enquanto uma concepção de mundo, por grupos de seres humanos. Esta constituição que é o objeto a ser esclarecido.[23]

Foi, portanto, a radicalização do controle racional sobre o componente vegetativo e emocional "natural" do homem, assim como a radicalização do princípio da interioridade no sentido da constituição de uma instância autocontroladora e autodisciplinarizadora internalizada, que se permitiu a construção de todo um complexo institucional que depois se autonomizará a partir do efeito de uma lógica própria de funcionamento. A consequência desse diagnóstico para Weber é sua visão do complexo Estado/mercado como produzindo aquilo que Taylor chama de *"selves* pontuais". O mesmo tipo de indivíduo produzido anterior-

---

23 *Ibidem*, p. 18. Tradução minha

TAYLOR E BOURDIEU OU O DIFÍCIL CASAMENTO ENTRE MORALIDADE E PODER

mente a partir de estímulos ideais de fundo religioso passa, agora, a ser moldado plasticamente segundo as necessidades de seus imperativos funcionais pelas práticas disciplinarizadoras (Estado e mercado à frente). Não é preciso religião protestante ascética nem sequer seus substitutivos funcionais para que exista uma sociedade moderna. O protestantismo foi importante apenas para a produção "espontânea" de uma nova visão de mundo em todas as dimensões.

Contudo, a partir do instante que o ancoramento institucional dessa visão de mundo se consolida em práticas disciplinarizadoras que vão abranger todas as dimensões da vida de todos os estratos sociais, essa base ideacional inicial torna-se supérflua. Estado e mercado, diz Weber no final de *A ética protestante e o espírito do capitalismo*, produzem o tipo de indivíduo que lhes convém: plástico, moldável, flexível, disciplinado, autocontrolado, responsável por si, orientado para o futuro e para o cálculo prospectivo. São precisamente as qualidades do *self* pontual para Taylor. É a incorporação de um tipo humano altamente improvável e contingente que, para o propósito de dominar e transformar o mundo social e natural externo, instrumentalizará a si próprio.

É precisamente essa heteronomia de fundo incrustada nos pressupostos da autonomia e na dignidade do agente racional que é o fundamento da crítica tayloriana ao *self* pontual descontextualizado e solto. Para Taylor, autonomia exige reconstrução narrativa da própria história, o que implica se apropriar precisamente do contexto biográfico e social a que se pertence. O *self* pontual como fundamento do funcionamento do mercado e do Estado moderno não implica, para Taylor, um corte com papéis sociais definidos de forma heterônoma – apenas o ideal da autenticidade teria esse poder.[24]

A grande vantagem da hermenêutica social tayloriana em relação ao diagnóstico weberiano, nesse particular, manifesta-se, a meus olhos, no fato de que, diferentemente da pressuposição weberiana da entronização

---

24 Charles Taylor, *op. cit.*, 1994, p. 31.

A CONSTRUÇÃO SOCIAL DA SUBCIDADANIA

de um contexto objetivo de "falta de sentido" a partir do ancoramento institucional dessa visão de mundo, Taylor parte do princípio de que esse novo contexto apenas inibe, precisamente a partir da naturalização da sua dinâmica de funcionamento, a articulação explícita dos princípios que o informam em última instância. Weber parte da tese da reificação e coisificação do mundo social criado por princípios morais explícitos – caso clássico do paradoxo das consequências que, para ele, habita todas as formas de ética da convicção –, implicando, inclusive, que a falta de sentido que se segue a esse estado de coisas condiciona, também, uma falta de liberdade, pelo amesquinhamento das possibilidades de orientação alternativa da vida no novo contexto institucional – tema clássico do final de seu livro sobre a ética protestante. Taylor, no entanto, esboça uma teoria alternativa, que permite um diagnóstico muito distinto. Se o sentido e a hierarquia valorativa que passam a habitar as novas práticas institucionais fundamentais do Ocidente encontram-se apenas inarticulados e inaudíveis, é sempre possível revivificá-los e desnaturalizá-los precisamente se lograrmos recuperar seu sentido original e rearticulá-los.

A IDEOLOGIA ESPONTÂNEA DO CAPITALISMO TARDIO

Pretendo utilizar a riqueza da hermenêutica social tayloriana, que permite explicitar e ressignificar sentidos e hierarquias de valores cristalizados, para fins bem distintos daqueles que o próprio Taylor privilegiou. Aqui não me interessa a dramatização do princípio da dignidade *versus* princípio da autenticidade como conflito paradigmático das sociedades avançadas, por mais interessante e potencialmente rica que seja. Aqui me interessa, ao contrário, reduzir a distância entre esses princípios de modo a tentar perceber como ambos servem como índice e fundamento da distinção social, tanto entre classes sociais como entre minorias culturais, étnicas ou de gênero.

TAYLOR E BOURDIEU OU O DIFÍCIL CASAMENTO ENTRE MORALIDADE E PODER

Meu interesse é, portanto, tentar chegar ao fundamento da questão da desigualdade e de como pode ser legitimada e tornada invisível pela ideologia espontânea do capitalismo tardio central ou periférico. Em vez de apenas pressupor a existência de consensos culturais por trás da distribuição desigual de bens e recursos escassos, como Nancy Fraser, importa explicitar de que consenso se trata, quais são seus princípios fundamentais e de que modo adquirem materialidade na vida cotidiana e concreta de todos nós enquanto signos sociais visíveis para todos.

Esse passo exige a consideração de outros autores além de Taylor. A partir da reconstrução tayloriana é possível mostrar como dada e contingente hierarquia valorativa permite construir um horizonte comum. Tal horizonte possibilita um pano de fundo compartilhado de valores e de horizonte comunicativo que, de forma opaca e "intransparente", a partir de sua institucionalização em práticas disciplinarizadoras, permite vincular *subjetivamente* todos os envolvidos no processo de classificação social e na luta por recursos escassos. Enquanto isso, o passo seguinte é vincular tal hierarquia a signos sociais visíveis que espelhem e materializem essa hierarquia na vida cotidiana. Isso não é feito por Taylor por razões aqui já discutidas. Acredito, porém, ser possível reconstruir os princípios da dignidade e da autenticidade, enquanto manifestações das duas fontes morais especificamente modernas que se constroem a partir das oposições razão/corpo e exterior/interior, e que logram ancoramento institucional progressivo na alta modernidade, enquanto fundamento da desigualdade tornada legítima e invisível.

O autor-chave para esse desiderato, cuja obra permite uma notável relação de complementariedade com a reflexão tayloriana, é Pierre Bourdieu. A sociologia de Bourdieu parece-me a perspectiva atual que admite reunir e atualizar, para o estudo de sociedades modernas contemporâneas, várias das ideias que Weber, Marx e outros autores clássicos utilizaram para a análise de sociedades tradicionais e da primeira modernidade. Essa sociologia, como nenhuma outra de meu conhecimento, possibilita uma análise das sociedades contemporâneas

A CONSTRUÇÃO SOCIAL DA SUBCIDADANIA

sob o ponto de vista da ação social e da luta de classes no contexto ideológico específico dessa fase da modernidade tardia sob a égide do *"welfare state"*.

A união das perspectivas de Taylor e Bourdieu parece-me interessante sob vários aspectos. Ambas são, antes de tudo, complementares no sentido de desenvolverem aspectos que suprem mutuamente deficiências importantes. Se falta a Taylor uma teoria contemporânea da luta de classes, na medida em que ele fala do ponto de vista do intelectual americano ou europeu do final do século XX, quando as sociedades centrais, supostamente pacificadas internamente dos conflitos de classe mais virulentos, estariam entrando em uma nova fase de rearticulação das suas lutas políticas,[25] temos em Bourdieu uma sofisticada análise da forma singularmente opaca e refratada que a dominação ideológica, mascarando seu caráter de classe, assume na modernidade tardia. Essa perspectiva de Bourdieu possibilita, acredito eu, *ir além de um conceito de reconhecimento que assume, pelo menos tendencialmente, como realidade efetiva a ideologia da igualdade* prevalecente nas sociedades centrais do Ocidente. Como espero demonstrar, esse ponto de partida parece-me também fundamental, ainda que com modificações importantes no seu instrumental teórico, para uma análise da modernidade periférica.

Ao mesmo tempo, entretanto, a genealogia da hierarquia implícita que comanda nosso cotidiano, desenvolvida de forma soberana por Taylor, ajuda a esclarecer o calcanhar de Aquiles de todo o argumento de Bourdieu; afinal, ao se concentrar unicamente no aspecto instrumental da disputa por poder relativo entre as classes em luta por recursos escassos, não percebe que essa mesma luta se dá em um contexto intersubjetivamente produzido. Isso mantém a sua contingência e a necessidade de seu aperfeiçoamento crítico, mas também retira o dado arbitrário de mera imposição de poder do mais forte.

---

25 Para uma crítica das posições de Charles Taylor e Nancy Fraser, *ver também* Axel Honneth, "Recognition or Distribution?", 2001, pp. 52-53.

A teoria do reconhecimento, como desenvolvida por Taylor, pode dar conta do mecanismo generativo do "consenso normativo mínimo" compartilhado intersubjetivamente e que, na realidade, contextualiza e filtra as chances relativas de monopólio legítimo na distribuição dos recursos escassos pelas diversas classes sociais em disputa em uma dada sociedade, mecanismo secundarizado e não devidamente tematizado por Bourdieu. Apesar da sua unilateralidade, no entanto, a contribuição de Bourdieu para uma compreensão da forma ideológica específica à modernidade tardia, seja central ou periférica, parece-me fundamental.

Enquanto para Marx a "ideologia espontânea" do capitalismo era o fetichismo da mercadoria que encobria, sob a máscara da igualdade do mercado, relações de produção desiguais, para Bourdieu, a ideologia espontânea do capitalismo tardio é o conjunto de disposições ligadas a um estilo de vida peculiar, formado a partir do gosto estético, que conforma o *habitus* estratificado por classes sociais e que legitima, de forma invisível e subliminar, o acesso diferencial aos recursos materiais e ideais escassos. Desse modo, o privilégio econômico e cultural pode se travestir de estético, separando o gosto premido pela necessidade e definido como vulgar do gosto da "liberdade" – ou seja, livre da necessidade –, definido como "puro" e "superior". Esse ponto explica, inclusive, por que a ideologia do gosto natural é tão eficaz, na medida em que ela, quase que casualmente na dimensão da vida cotidiana, *naturaliza diferenças reais,* as quais, possuindo um fundo social, *aparecem* como diferenças de natureza.

Como a distinção social baseada no gosto não se limita aos artefatos da cultura legítima, mas abrange todas as dimensões da vida humana que implicam alguma escolha – vestuário, comida, formas de lazer, opções de consumo etc. – o gosto funciona como o sentido de distinção por excelência, permitindo separar e unir pessoas e, consequentemente, forjar solidariedades ou constituir divisões grupais de forma invisível e universal (afinal, tudo é questão de *gosto*). A intolerância do gosto se mostra em toda a sua violência na endogamia e no racismo de classe.

As classes trabalhadoras, dominadas pela necessidade, distanciadas, assim, do estilo de vida pautado pela disposição estética, têm sua razão de ser unicamente como pano de fundo negativo em relação ao qual todas as outras classes irão procurar se distanciar.

O *habitus* é, portanto, o conceito central que possibilita a articulação entre as dimensões da estrutura e do agente, convertendo-se no núcleo da resposta de Bourdieu à questão recorrente da tradição sociológica acerca da coordenação das ações. O *habitus* é uma necessidade internalizada e transformada em disposições. Diferentes condições de existência produzem diferentes *habitus*, fazendo com que agentes de uma mesma classe ajam de acordo com "esquemas avaliativos" que são, em grande medida, intercambiáveis. A objetividade do *habitus* advém de seu caráter simultaneamente estruturado e estruturante, possibilitando sua retradução nas lógicas dos diferentes campos e a harmonização objetiva entre as diversas práticas dos agentes sem deliberação consciente. É isso que faz com que a cognição imediata dos agentes seja um "desconhecimento", na medida em que o conjunto de relações entre os diversos capitais atualizados pelo *habitus* não se mostra, nessa dimensão consciente, enquanto tal.

Todos os agentes de uma mesma classe ou fração de classe agem de acordo com "esquemas" intercambiáveis. Essa objetividade na dimensão das relações sociais é homóloga à sistematicidade, na dimensão do agente e da sua relação com as propriedades que o circundam – existe uma relação de complementaridade e afinidade entre seus gostos e escolhas em todos os níveis, porque são resultados da unidade sintética de seu *habitus*. O "gosto" é o princípio generativo do estilo de vida, ou seja, do conjunto de objetos, práticas e preferências que externalizam nossa intenção expressiva. O "gosto" é a fonte do ajustamento "natural" de todas as qualidades associadas a uma pessoa, seja em relação a coisas ou pessoas, e transforma coisas e preferências em signos – o gosto é o que une e separa as pessoas.[26]

---

26 Pierre Bourdieu, *Distinction,* 1984, pp. 174-175.

TAYLOR E BOURDIEU OU O DIFÍCIL CASAMENTO ENTRE MORALIDADE E PODER

O grande mérito da sociologia crítica de Bourdieu consubstancia-se, vale a pena repetir, na desconstrução sistemática da ideologia da igualdade que serve de base ao consenso social e político das sociedades desenvolvidas do Ocidente. Para essas sociedades que hierarquizam implicitamente o tempo todo, mas possuem explícito "horror à hierarquia" e têm na igualdade seu valor máximo,[27] essa desconstrução equivale a uma "ferida narcísica fundamental". Isso porque a ideologia da "hierarquia legítima", ou seja, aquela marcada pelo desempenho diferencial e meritocracia, e, portanto, reportando-se a "qualidades inatas dos indivíduos", revela-se como "pré-construída" e "pré-traçada" por origem e herança familiar como em qualquer sociedade pré-moderna.

No entanto, as sociedades, sejam as avançadas do Ocidente, sejam as periféricas, não se equivalem. Existem dimensões de desigualdade e de (não) reconhecimento social que variam. Essa variação é central para os objetivos de uma sociologia comparativa crítica da condição periférica. Para que possamos avançar nesse desiderato, que seguramente não era o de Bourdieu, faz-se necessária a crítica interna de alguns de seus pressupostos. Antes de tudo, parece-me criticável a radical contextualização do seu argumento, impedindo uma abordagem genética dos princípios operadores da distinção social. Tal abordagem é, no entanto, fundamental pela dimensão processual que instaura e, a partir dela, do enfoque comparativo em termos de variações alternativas.

Um aspecto quase não desenvolvido por Bourdieu, apenas mencionado em várias passagens um tanto apressadamente, é a questão essencial dos critérios que definem o "gosto refinado" e, por extensão, todo o conjunto de pressupostos para a atribuição relativa de prestígio em uma sociedade. Como Bourdieu nega qualquer autonomia para o juízo estético e o julgamento moral, percebido sempre em amálgama ao anterior, resta apenas o aspecto instrumental da luta imersa na "grande ilusão da vida social", produzida pela crença dos sujeitos na validade das

---

27 Ver Louis Dumont, *Homo Hierarchicus*, 1990, p. 315.

regras que os submetem.[28] No entanto, a fonte do processo de distinção é pensada por Bourdieu em termos muito semelhantes à forma como Taylor percebe a hierarquia valorativa, também vista pelo primeiro como basicamente oculta e não refletida, regendo a condução de nossa vida cotidiana e a atribuição de valor relativo que conferimos aos outros.

Para os dois autores, existe um processo de sublimação dos sentidos marcado pela distância em relação à nossa natureza animal e às nossas necessidades primárias, pedra de toque de toda noção de superioridade moral ou beleza estética. Essa hierarquia é a base da configuração moral do Ocidente para Taylor, do mesmo modo que para Bourdieu o *habitus,* que se forma por oposição à classe trabalhadora, é também um *habitus* da ordem e do autocontrole dos instintos, de modo a marcar a distância em relação ao "bárbaro" pelo ascetismo eletivo (burguês) da regra autoimposta.

Essa bela ideia do *habitus* funcionando como fios invisíveis que ligam pessoas por solidariedade e identificação e que as separam por preconceito, o que equivale a uma noção de coordenação de ações sociais percebida como inconsciente e cifrada, impede, no entanto, a riqueza de uma ideia fundamental para Taylor: a noção de "articulação", que permite pensar num *"transfer"* entre o refletido e o não refletido. Afinal, se existe algo que pode ser articulado é porque existe algo para além do puro *habitus* irrefletido. Por conta disso, a ausência dessa dimensão na reflexão de Bourdieu faz com que a contraposição em relação à "grande ilusão" do jogo social só seja possível reativamente, sem o questionamento das regras do jogo enquanto tais. Essa posição reativa advém da concepção de Bourdieu, pensada contra o subjetivismo que reduz o espaço social a um espaço de interações conjunturais, de que toda a estética e moral (os dois termos vêm sempre necessariamente juntos) de classe se contrapõe, objetivamente, a um seu duplo e contrário, mas nunca em relação a um patamar compartilhado de regras comuns.[29]

---

28 Pierre Bourdieu, *op. cit.*, 1984, p. 250.

29 *Ibidem*, p. 244.

Esse é o terreno em que as contradições da análise de Bourdieu se mostram mais facilmente. O raciocínio da lógica instrumental que reduz todas as determinações sociais à categoria do poder mostra-se aqui em toda a sua fragilidade. No limite, torna-se incompreensível por que algumas estratégias sociais e alguns "blefes" dão certo e outros não. Para sairmos da absoluta arbitrariedade nessa dimensão da análise, torna-se necessário pleitear "alguma coisa" para além da mera *"illusio"* do jogo social. Como aponta Axel Honneth, a competição dos diversos grupos sociais entre si só tem sentido se houver a presunção da existência de interpretações conflitantes acerca de um terreno comum de regras que lograram ser reconhecidas transclassisticamente.[30]

É pela falta dessa dimensão que não ficam claras as razões pelas quais uma dada classe dirigente teria supostamente "escolhido" precisamente tais e quais objetivos e não outros quaisquer. Do mesmo modo, não se explica também por que ocorrem mudanças no "comando" do processo social, por exemplo, a substituição da aristocracia pré-moderna pela burguesia no alvorecer da modernidade.

A análise concreta de como esses dois pontos de partida teóricos podem servir, combinadamente, para uma concepção alternativa da modernidade periférica será objeto da terceira parte deste livro – logo após a reconstrução histórica do processo exógeno de modernização brasileira, que pretendo utilizar como ilustração empírica da minha tese teórica.

---

30 Axel Honneth, *Die zerrissene Welt des Sozialen*, 1990, pp. 178-179.

PARTE II

A constituição da modernidade periférica

4. A SINGULARIDADE DA NOVA PERIFERIA

A discussão na primeira parte deste livro concentrou-se na reconstrução da genealogia e da dinâmica específicas da "ideologia espontânea do capitalismo", a partir da lógica de reprodução de suas instituições fundamentais: mercado competitivo e Estado racional centralizado. Como vimos, essa lógica é fundamental para a percepção dos conflitos sociais típicos tanto da modernidade central quanto da periférica, embora com consequências muito diversas num caso e no outro. No entanto, o desvelamento da lógica da dominação social opaca subjacente à reprodução de mercado e Estado não dá conta de todos os desafios para a reconstrução dos mecanismos que naturalizam relações de desigualdade no centro e na periferia. Se apenas Estado e mercado agissem sem peias como instituições estruturantes da dinâmica social, as diferenças entre as sociedades concretas, tanto entre as sociedades centrais entre si quanto entre as periféricas, seriam mínimas.

Sabemos, no entanto, que as sociedades modernas também são diferentes entre si em medida nada desprezível, apesar de uma série de características comuns que refletem a enorme eficácia social de instituições fundamentais como mercado e Estado, com todo seu enorme poder constituidor e regulador da vida social, em todas as suas dimensões. Como explicar isso? Um bom caminho é fornecido pela noção de "imaginário social", trabalhada em um dos textos mais recentes de Charles Taylor acerca da temática da autocompreensão da modernidade em suas diversas variações.

A CONSTRUÇÃO SOCIAL DA SUBCIDADANIA

Nos últimos anos, esse é um tema cujo debate tem se tornado candente nas ciências sociais.[1] Também esse aspecto pode e geralmente é interpretado dentro do contexto limitador das teorias essencialistas da cultura que vimos na introdução. A perspectiva tayloriana abre novas possibilidades para a análise comparativa, por evitar a oposição essencialista entre "matéria" e "valores", ao perceber nessa oposição apenas gradações distintas de sentido e valor que variam de acordo com seu grau de consolidação e opacidade. A referência a Estado e mercado não é um ponto central da reflexão tayloriana, mas podemos tentar definir o que Taylor pensa por imaginário social em relação à nossa reflexão anterior acerca da centralidade do lugar dessas práticas institucionais no contexto de legitimação de uma dominação social intransparente e opaca.

Para Taylor, imaginário social é uma espécie de concretização da ideia das fontes morais trabalhadas em *As fontes do self*. Nos dois casos, a hipótese central do autor é a de que no âmago da modernidade ocidental temos a eficácia – mais ou menos opaca e invisível – de uma concepção específica de ordem moral. Essa concepção podia ser algo que no início existia apenas na cabeça de alguns pensadores ou líderes religiosos, mas, a partir de sua influência, passou a perpassar o imaginário social de estratos sociais específicos e até de sociedades inteiras. Uma ordem moral estipula as obrigações e os direitos que configuram e organizam nossa relação com os outros. Obrigações políticas, por exemplo, são uma extensão ou aplicação desses vínculos morais mais amplos e mais fundamentais.[2]

Ao contrário de teorias, o imaginário social significa o que as pessoas comuns percebem como seu ambiente social, percepção que quase nunca assume a forma explícita de teorias, mas se manifesta, ao

---

1 Uma boa visão geral é proporcionada pela coletânea de Elisabeth Bronfen *et al.*, *Hybride Kulturen*, 1997. Todo esse debate é marcado precisamente pela tentativa de superação das aporias da teoria da modernização tradicional.

2 Charles Taylor, *Modern Social Imaginaries*, 2003, p. 3.

contrário, sob a forma de imagens, estórias, lendas, ditos populares etc. É esse imaginário social que permite a "pré-compreensão" imediata de práticas cotidianas ordinárias, permitindo um senso compartilhado de legitimidade da ordem social. Por conta disso, o imaginário social é tanto factual quanto normativo. Também pelo mesmo motivo, não é situacional ou preso a contextos específicos, já que cada situação particular é informada e condicionada por uma "pré-compreensão" inarticulada mais abstrata e mais geral, que faz com que cada situação particular apareça daquela forma e não de outra qualquer. Precisamente por sua inarticulação, a palavra "imaginário" é adequada. Como se comportar, como falar, como se relacionar por referência às várias hierarquias sociais etc. – tudo isso remete a um "mapa social", que guia implicitamente nossa conduta.

A questão central nessa temática é a de como ocorrem mudanças sociais e revoluções que permitem a transformação de um imaginário social em outro, assim como perceber, nesse contexto de mudança, a causa da diferença específica entre os diversos imaginários sociais. O que Taylor chama de "longa marcha" é precisamente o processo de lenta maturação e consolidação, permeado por guerras e conflitos de toda espécie, de uma nova ordem moral no Ocidente. Temos aqui toda a importância do tema, clássico desde Max Weber, da "teoria" ou visão de mundo que logra permear as práticas sociais ao serem internalizadas e defendidas por "suportes" sociais significativos. Também aqui, vale repetir mais uma vez, não cabe a pecha de "idealismo". A oposição em si não tem sentido porque as práticas sociais humanas possuem o atributo de ter "sentido"; certas ideias são sempre imanentes a certas práticas – também as institucionais ou "materiais" –, inarticuladas ou não. Não se pode, desse modo, pleitear formas de causalidade original entre um e outro fator.[3]

---

3 *Ibidem*, p. 21.

A CONSTRUÇÃO SOCIAL DA SUBCIDADANIA

Fundamental, por outro lado, é a percepção de que o processo não é unilateral. A "teoria" ou visão de mundo tem que ser "esquematizada", no sentido kantiano do termo, ou seja, adaptar-se a condições específicas de tempo e espaço. Por conta disso, cada sociedade específica vai ter sua própria forma particular de "esquematização", isto é, sua própria forma particular de imbricamento com o imaginário social anterior.

Esse ponto é central para todo o meu argumento nesta segunda parte. O tema da "esquematização" é que dá razão às teorias essencialistas da cultura nas diversas e infinitas variações da teoria tradicional da modernização, inclusive nas suas variações "hibridistas" em moda hoje em dia. O ponto de partida dessas teorias é que, se é verdade que houve impacto modernizante nas sociedades periféricas, a força das relações "pré-modernas" anteriores, de certo modo, "esquematizariam" o dado novo, implicando ou a dominância das relações pré-modernas sobre as modernas, como ocorre na imensa maioria dos casos, ou ainda a proposição de um dualismo indeciso e cambaleante entre um e outro princípio de estruturação social, gerando uma confusão e indeterminação da análise que, muitas vezes, pela correspondência com a percepção inarticulada de preconceitos do senso comum, são uma das principais razões do seu poder de convencimento.

Interessante perceber que, nas sociedades periféricas de tipo novo, como a brasileira, o tema da "esquematização" adquire uma singularidade toda própria. O mesmo ocorre nas formações sociais que, ao contrário das grandes civilizações ou grandes religiões mundiais do Oriente, como a hindu e a chinesa estudadas por Max Weber na sua *Sociologia das religiões*, foram constituídas enquanto sociedades complexas apenas a partir do influxo do processo de expansão do racionalismo ocidental. Não fazendo parte de sociedades como Estados Unidos, Inglaterra, França ou Alemanha, que formaram o núcleo do racionalismo ocidental nas suas múltiplas facetas, tendo recebido, ao contrário, o influxo dessas sociedades e de seus agentes de "fora para dentro", essa "nova periferia" é na verdade tomada de assalto por uma cultura material e simbólica cujos dinamismo e vigor não deixaram muito espaço para compromisso ou reação.

Há que se acrescentar o dado também fundamental da diferença entre uma "nova periferia", formada enquanto conjunto de sociedades complexas a partir da expansão ocidental, e uma "velha periferia" (sob o ponto de vista "neutro" – na medida em que isso é possível – com relação a valor da sua relação *vis-à-vis* o Ocidente moderno), resultado de culturas milenares que haviam se desenvolvido em grande medida de forma paralela ao Ocidente. Essas últimas, cuja religiosidade ética no sentido de Max Weber – ou culturas axiais no sentido de Shmuel Eisenstadt[4] – implica uma concepção de mundo dual. A existência de uma esfera moral e simbólica de fundo religioso autônoma em relação às esferas profanas logra se institucionalizar e perpassar todas as esferas da vida, legitimando-as e conferindo-lhes estabilidade e permanência.

É assim que Weber se impressiona com a inigualável ausência milenar, na sociedade hindu, de qualquer forma expressiva de transformação social.[5] Aqui não nos interessa diretamente o tema weberiano da comparação entre religiosidade ocidental e oriental, de modo a ressaltar o potencial revolucionário e transformador da primeira – a partir da predominância da religiosidade ética sobre a ritualização mágica – em contraposição à tendência conservadora da última.[6] Aqui nos interessa apenas ressaltar que, tanto nas sociedades nucleares do Ocidente quanto nas grandes civilizações ou culturas orientais, uma concepção de mundo de fundo religioso, com considerável grau de articulação e abstração, regulava e legitimava o contexto tradicional nesses grupos de sociedades em todas as suas práticas institucionais e dimensões da sociabilidade. Foi isso que fez com que a dominação

---

4 Shmuel Eisenstadt, *The Axial Age Breakthroughs*, 1984, pp. 1-25.

5 Max Weber, *Die Wirtschaftsethik der Weltreligionen: Hinduismus und Buddhismus*, 1999, p. 2.

6 *Idem*, *Die Wirtschaftsethik der Weltreligionen: Konfuzianismus und Taoismus*, 1991, pp. 193-207.

inglesa na Índia se defrontasse com dificuldades consideradas quase intransponíveis para a consolidação do capitalismo, dificuldades essas muito menores, para Weber, em uma sociedade não axial como a japonesa – assim como a brasileira.[7] Foi essa mesma influência renitente do passado que levou Eisenstadt a perceber as continuidades de fundo entre a prática do comunismo chinês contemporâneo e a herança secular confucionista.[8]

Em sociedades do que estamos chamando de nova periferia, essa visão de mundo articulada institucional e simbolicamente inexistia. A religião jamais chegou a se converter em uma esfera moral autônoma no Brasil colonial. A religiosidade ética cujos portadores eram os missionários jesuítas teve eficácia localizada e transitória nos enclaves dedicados à conversão do gentio. De resto, a capela era mero prolongamento do poder do senhor de terras e de escravizados e amesquinhou-se numa religiosidade mágica de culto familiar aos antepassados.[9] A legitimação das relações hierárquicas e desiguais era obtida a custo da violência física aberta, no pior dos casos, ou da violência psíquica e encoberta da cooptação implícita na relação de dependência pessoal, nos demais casos.

O "conto de fadas" sociológico, que supõe a existência de uma religiosidade católica operante associada a um patrimonialismo político organizado no Brasil colonial, não é apenas um contrassenso histórico. Ele é também a base para a suposição de um eterno atavismo personalista e familista, dominante em suas infinitas variações – hoje em dia é sua variação "hibridista" que está na moda[10] –, seja no horizonte

---

7 *Idem, op. cit.*, 1999, pp. 250-251.

8 Shmuel Eisenstadt, *Tradition, Wandel und Modernität,* 1979, pp. 279-286.

9 Essa ausência de autonomia da esfera religiosa, com sua submissão à esfera política, além da corrupção endêmica do padroado e dominância da religiosidade mágica e familiar, está na base do argumento de Ângela Paiva, para a explicação da ausência de vigor moral e religioso, comparativamente aos Estados Unidos, da campanha antiabolicionista no Brasil. Ver Ângela Paiva, *Católico, protestante, cidadão,* 2002, pp. 61-70.

10 A influência de autores "hibridistas" como Néstor García Canclini e Roberto DaMatta é decisiva, ainda, mesmo para os autores latino-americanos mais jovens e talentosos como Avritzer. Ver Leonardo Avritzer, *Democracy and the Public Sphere in Latin America,* 2002, p. 73.

A SINGULARIDADE DA NOVA PERIFERIA

periférico, seja na reflexão internacional acerca da periferia, que supõe a continuidade eterna de relações pessoais e familísticas mesmo em sociedades periféricas complexas e dinâmicas como a brasileira.

Na verdade, a cultura material e simbólica que existia no Brasil colonial era rasteira e pouco articulada e é a razão profunda para que, entre nós, o maior conhecedor do século XIX – o século da europeização –, Gilberto Freyre, tenha afirmado que nas cidades mais sujeitas à influência europeia, ao fim dos primeiros trinta anos de europeização, toda a hierarquia valorativa em todas as dimensões sociais havia sido posta de cabeça para baixo. Já em 1840, tudo que era associado à era colonial e à influência portuguesa passa a ser tido como de mau gosto; e tudo que era inglês ou francês, ou seja, já burguesamente europeu, era tido como de bom gosto e desejável. Isso sem dúvida não significa que não tenha havido uma "esquematização" da influência dominante europeia no sentido tayloriano. Mas suas consequências práticas e teóricas são profundamente distintas do "conto de fadas sociológico" da eternidade da influência pré-moderna entre nós.

Acredito que esse tipo de esquematização específico de sociedades da "nova periferia" pode ser mais bem compreendido se o encararmos menos como uma "positividade", no sentido da herança pré-moderna todo-poderosa das teorias da modernização tradicional e do hibridismo contemporâneo, e mais como uma "negatividade", uma ausência de certas precondições existentes na modernidade central. Autores como Max Weber e Charles Taylor enfatizam a circunstância de que, nas sociedades da modernidade central, as ideias são anteriores às práticas institucionais e sociais. Creio que essa ideia é verdadeira e que tal crença inspirou esses dois autores a procurar numa hermenêutica genealógica do sentido, já tornado opaco pelas práticas institucionais disciplinarizadoras, as fontes cognitivas e morais subjacentes ao racionalismo ocidental.

Uma especificidade importante da modernidade periférica – da "nova periferia" – parece-me precisamente o fato de que, nessas sociedades, as "práticas" modernas são anteriores às "ideias" modernas. Assim, quando

A CONSTRUÇÃO SOCIAL DA SUBCIDADANIA

mercado e Estado são importados de fora para dentro com a europeização da primeira metade do século XIX, inexiste o consenso valorativo que acompanha o mesmo processo na Europa e na América do Norte. Inexistia, por exemplo, o consenso acerca da necessidade de homogeneização social e generalização do tipo de personalidade e de economia emocional burguesa a todos os estratos sociais, como aconteceu em todas as sociedades mais importantes da Europa e da América do Norte.

Em todos os países que lograram homogeneizar um tipo humano transclassista, esse foi um desiderato perseguido de forma consciente e decidida, não deixado a uma suposta ação automática do progresso econômico. O *Great Awakening* dos séculos XVIII e XIX nos Estados Unidos logrou levar à fronteira e impor ao sul escravocrata a mesma semente moral e fervorosamente religiosa das treze colônias originais.[11] As *Poor Laws* inglesas podem também ser compreendidas como uma forma autoritária de forçar os inadaptados da Revolução Industrial a adotar requisitos psicossociais da nova sociedade que se criava. Também na França, como mostra exemplarmente o livro clássico de Eugen Weber, cujo título *Peaseants into Frenchmen* já denota o processo de transformação social de homogeneização, que é o pressuposto da eficácia social da noção de cidadania.[12]

Essas "ideias" representam consensos valorativos e religiosos refletidos e conscientes que acompanharam *pari passu* o processo de consolidação do capitalismo nas esferas econômica (mercado competitivo) e política (Estado racional centralizado). Não só a classe superior, a burguesia, mas também os setores populares e subalternos lograram articular sua visão peculiar a partir de heranças religiosas e culturais compartilhadas. A influência do metodismo na cultura política das classes trabalhadoras inglesas, por exemplo,[13] ou mesmo a necessária

---

11 Robert Bellah, *The Broken Covenant*, 1992, p. 62.

12 Eugen Weber, *Peasants into Frenchmen*, 1976.

13 Edward Palmer Thompson, *The Making of the English Working Class*, 1966.

internalização do tema protestante da revalorização do trabalho produtivo e manual, para que possamos compreender a extraordinária eficácia mobilizadora da teoria do valor-trabalho marxista. A noção de trabalho abstrato intercambiável só é possível num contexto cultural que já havia transformado a ética aristocrática do ócio ou do trabalho contemplativo em anátema e localizado no trabalho simples, cotidiano e produtivo o fundamento da atribuição de valor e reconhecimento social.

Essa é a importância fundamental da existência prévia de um contexto cognitivo e moral explícito, articulado e autônomo, que possa se contrapor, limitando ou estimulando, à lógica própria dos imperativos funcionais que emanam de práticas institucionais consolidadas. Na sociologia weberiana das grandes religiões mundiais, o estímulo dessa esfera moral autônoma foi positivo em direção à quebra com o tradicionalismo econômico e com hierarquias naturalizadas, enquanto a eficácia da esfera moral e religiosa no Oriente foi limitante desses efeitos revolucionários. Nas sociedades da "nova periferia", não existia nem um nem outro posto em que inexistia uma esfera moral autônoma generalizada e consensual de qualquer tipo. Inexistiram aqui, portanto, as limitações e barreiras profundas que Weber percebia no caso da transplantação do capitalismo para a Índia, por um lado, mas também inexistiu o potencial generalizador, abrangente e inclusivo nas sociedades centrais do Ocidente.

Creio que esse padrão de modernização em que as práticas institucionais se impõem sem o lastro ideal e valorativo que lhe permita articulação, reflexividade e consciência de longo prazo de seus dilemas e contradições cabe como uma luva na definição do processo de modernização brasileiro enquanto revolução burguesa "encapuçada", como veremos em Florestan Fernandes, ou enquanto uma revolução passiva, como em Werneck Vianna. É que essas práticas institucionais passam a produzir consequências estruturais e funcionais de modo molecular, enrustido, mascarado e até às vezes imperceptível, precisamente pela ausência do componente comparativamente mais explícito, consciente e refletido, como foi o caso das sociedades ocidentais centrais.

Não é certamente apenas uma diferença de superfície. Implica, por exemplo, numa sociedade como a brasileira, a hegemonia de uma espécie de hipereconomicismo, em que toda a resolução de conflitos e contradições é esperada de uma ação unilateral do progresso econômico, inclusive de aspectos sociais fundamentais como a generalização do tipo humano adequado aos imperativos de mercado e Estado, aspectos que tornam possível a generalização do status intersubjetivamente reconhecido de cidadão. Por enquanto, é importante esclarecer a especificidade do processo de modernização da "nova periferia", já que tanto a teoria da modernização tradicional quanto os "hibridistas" contemporâneos não percebem esse fato fundamental.

No entanto, se a "esquematização" da nova realidade institucional moderna na "nova periferia" não possui, por razões históricas e estruturais, a mesma eficácia e amplitude do mesmo processo, seja na modernidade central, seja na "velha periferia", isso sem dúvida não significa que o contexto prévio à modernização, apesar de comparativamente raso e superficial pelas razões já aludidas, não possua qualquer eficácia. É certamente infinitamente menor do que imaginam os teóricos do personalismo de ontem e de hoje, mas, ainda que sobredeterminada por mecanismos modernos e impessoais, de fato, existe. Essa continuidade tendencialmente se concentrou nos setores "não europeizados" do singular processo de modernização da nova periferia.

5. A CONSTITUIÇÃO DO PODER PESSOAL: PATRIARCALISMO E ESCRAVIDÃO

É um argumento fundamental para os defensores da tese do personalismo e do culturalismo essencialista nas suas versões tradicionais e contemporâneas que o Brasil seria uma continuação cultural de Portugal. Afinal, de lá viriam o patrimonialismo transplantado, como aparece em Raimundo Faoro, ou o homem cordial e familisticamente emotivo, de Sérgio Buarque.

Também em Gilberto Freyre temos a afirmação da continuidade essencial com Portugal como a base do seu projeto ideológico da singularidade universal do legado luso-brasileiro. O lugar de Freyre nessa problemática é interessante: ele talvez seja nosso pensador social mais talentoso, inovador e instigante, e também nosso maior ideólogo e mistificador. Acredito que a tese da continuidade essencial entre Brasil e Portugal serve para ele como fundamento maior para a proposição de uma "fantasia compensatória",[1] que será transformada em ideologia de Estado a partir de 1930.

No entanto, ele próprio nos lega, na dimensão mais descritiva de seu argumento, importantes pontos de partida para a construção da hipótese contrária, ou seja, a tese da singularidade da formação social brasileira *vis-à-vis* a metrópole europeia. É precisamente essa singularidade que me parece característica do contexto maior que abrange a "nova periferia", embora com especificidades nacionais importantes.

---

1 O termo, muito apropriado, aplicado a Freyre, é de Antônio Maia. Seu sentido será discutido mais adiante.

A CONSTRUÇÃO SOCIAL DA SUBCIDADANIA

O meu uso de sua extensa obra será guiado pela tentativa de *usar Freyre contra Freyre*, ou seja, utilizar aspectos da sua obra na dimensão descritiva sem necessariamente compartilhar as generalizações e avaliações que o próprio autor retira desse mesmo material empírico. Pretendo construir a tese da singularidade da formação social brasileira – sempre no sentido de oposição à tese da continuidade orgânica com Portugal – especialmente pela ênfase na importância da instituição da escravidão entre nós, instituição meramente pontual e historicamente limitada em Portugal, como de resto em toda a Europa.[2]

Existe algo de sintomaticamente psicanalítico no "esquecimento" brasileiro em relação à escravidão. E não apenas no conhecido episódio de Rui Barbosa, ministro e figura pública do maior relevo da República Velha (1989-1930), que mandou queimar todos os arquivos relativos à escravidão sob o pretexto de "esquecer os crimes abomináveis cometidos em seu nome". Essa nobre figura pública, sob vários aspectos, não levou em conta o fato de que, na vida individual e coletiva, a real superação de traumas e crises de identidade se resolve estimulando a "lembrança", não o "esquecimento".[3]

No entanto, a surpresa maior é não encontrar, na imensa maioria dos nossos melhores intérpretes e pensadores sociais, o tema da escravidão como o fio condutor ou *explanandum* da análise.[4] Se não estou sendo injusto, o tema da escravidão só atinge esse status na obra de Joaquim Nabuco e do próprio Gilberto Freyre. Esse aspecto não deixa de ser sintomático; afinal, trata-se da única instituição que logrou, em uma nação tão jovem, quase quatrocentos anos de longevidade e

---

2 Norbert Elias, *Über den Prozess der Zivilisation*, II, 1986, pp. 68-72.

3 Um belo exemplo moderno da eficácia da estratégia da "lembrança" em desfavor da estratégia do "esquecimento" é o da Alemanha Federal. Apesar de todos os problemas que tal estratégia envolve, foi possível estabelecer, em grau significativo na Alemanha moderna, um interessante processo de aprendizado moral e político baseado na constante lembrança e discussão aberta acerca da experiência recente do Holocausto.

4 Obviamente, essa observação não inclui os especialistas em escravidão, dado que a questão da relevância relativa, nesse caso, nem sequer se põe.

A CONSTITUIÇÃO DO PODER PESSOAL: PATRIARCALISMO E ESCRAVIDÃO

uma penetração, ainda que sob formas peculiares em cada região, que abrangeu toda a extensão de uma enorme massa territorial. Foram os interesses organicamente articulados à escravidão que permitiram a manutenção da unidade do vasto território brasileiro. E foi também a escravidão que determinou, inclusive, o modo de vida peculiar do homem livre no Brasil.

Não levar em conta a importância dessa instituição na especificidade e na singularidade, *vis-à-vis* a metrópole portuguesa, do tipo de sociedade que aqui se constituiu, é imaginar que influências culturais se dão pelo mero transporte de indivíduos sem levar em conta o contexto social e institucional nos quais se inserem. O contrário é o que parece ser verdadeiro, tendo as condições sociais e institucionais inéditas agido no sentido de dotar o comportamento desses *indivíduos portugueses,* que comandaram o processo de colonização nos trópicos, de um sentido novo e peculiar.

Freyre afirma nas primeiras páginas de *Casa-grande e senzala* que, em 1532, data da organização "econômica e civil" do Brasil, os portugueses, já com cem anos de experiência colonizadora em regiões tropicais, assumiram o desafio de mudar a empreitada colonizadora comercial e extrativa no sentido mais permanente e estável da atividade agrícola. As bases dessa empreitada seriam: no aspecto econômico, a agricultura da monocultura baseada no trabalho de escravizados; no aspecto social, a família patriarcal fundada na união do português e da mulher indígena. Na política e na cultura essa sociedade estaria fundamentada no particularismo da família patriarcal, para Gilberto Freyre. O chefe da família e senhor de terras e escravizados era autoridade absoluta em seus próprios domínios, obrigando até "El Rei" a compromissos e dispondo de altar dentro de casa e exército particular em seus territórios.[5]

---

5 Gilberto Freyre, *Casa-grande e senzala*, 1957, pp. 17-18.

A CONSTRUÇÃO SOCIAL DA SUBCIDADANIA

O patriarcalismo de que nos fala Freyre tem esse sentido de apontar para a extraordinária influência da família como alfa e ômega da organização social do Brasil colonial. Dado o caráter mais ritual e litúrgico do catolicismo português, acrescido no Brasil do elemento de dependência política e econômica em relação ao senhor de terras e escravizados, o patriarcalismo familiar pôde desenvolver-se sem limites ou resistências materiais ou simbólicas. A família patriarcal como que reunia em si toda a sociedade – não só o elemento dominante, formado pelo senhor e sua família nuclear; mas também os elementos "intermediários", constituídos pelo enorme número de bastardos e dependentes, além da base de escravizados domésticos e, na última escala da hierarquia, os escravizados da lavoura.

É precisamente nesse ambiente saturado de paixões violentas que surge o tema da "ambiguidade" e da "imprecisão" do argumento freyriano apontado por tantos autores. A questão é real e significativa referindo-se à forma peculiar em que uma sociedade singular vinculava umbilicalmente despotismo e proximidade, enorme distância social e íntima comunicação. Acompanhemos, antes de tudo, a forma como Gilberto Freyre monta a sua versão do encontro cultural. Esqueçamos por um instante o indígena, cuja influência foi importante mas datada, tendo sido decisivo no período imediatamente inicial de colonização e desbravamento dos sertões,[6] e vamos nos concentrar nos dois elementos principais e mais permanentes do patriarcalismo brasileiro: o português e o escravizado negro.

Toda a análise de *Casa-grande e senzala* depende e é decorrente da opinião singular de Freyre acerca do colonizador português. É o português o elemento principal, sob vários aspectos, do processo sincrético de colonização brasileiro. Antes de tudo, é o elemento dominante nos aspectos da cultura material e simbólica, o motor e idealizador de todo o processo, e é dele a supremacia militar. No horizonte do culturalismo

---

6 *Ibidem*, pp. 160-161.

A CONSTITUIÇÃO DO PODER PESSOAL: PATRIARCALISMO E ESCRAVIDÃO

essencialista de Freyre, se esse elemento a tal ponto dominante não carregasse em si os germes da cultura que aqui se desenvolveria, toda a argumentação de Freyre perderia em plausibilidade.

Mas o português é precisamente a figura do contemporizador por excelência e é exatamente nesse traço da predisposição ao compromisso que se diferencia do colonizador espanhol e, especialmente, do anglo--saxão nas Américas. É o portador da característica mais importante da vida colonial brasileira: o elemento da "plasticidade", do homem "sem ideais absolutos nem preconceitos inflexíveis".[7] É essa "plasticidade" que irá propiciar a extraordinária influência da cultura negra nos costumes, língua, religião e, especialmente, numa forma de sociabilidade entre desiguais que mistura "cordialidade", sedução, afeto, inveja, ódio reprimido, ressentimento e praticamente todas as nuances extremas da emoção humana. É exatamente no ponto de encontro do português e do negro que Freyre cria o drama social do Brasil colônia. O ponto problemático é a afirmação simultânea de desigualdade despótica que a relação escravizado/senhor propicia com intimidade e até, em alguns casos, afetividade e comunicação entre as raças e culturas. Nesse ponto, urge a discussão do que afinal constituiria a especificidade da escravidão brasileira – de onde ela vem, e como e por que se distinguiria de outras sociedades escravocratas.

Creio que a raiz da ambiguidade reside no fato de que Freyre, na realidade, possui duas visões distintas da escravidão brasileira que se superpõem continuamente. É urgente distingui-las e separá-las para chegarmos ao que pode ser interessante manter, a partir de suas interessantes generalizações, e o que devemos descartar como matéria-prima de uma mitologia nacional ideológica e "apagadora" de diferenças. O fio condutor da argumentação desenvolvida por Gilberto Freyre em *Casa-grande e senzala* é captar a especificidade da formação social brasileira a partir do tipo particular de colonização portuguesa que

---

7 *Ibidem*, p. 191.

A CONSTRUÇÃO SOCIAL DA SUBCIDADANIA

se implantou nessa parte da América. Como o dado estrutural mais importante dessa singularidade foi a constituição de uma sociedade escravocrata de tipo bastante peculiar, nada mais natural que a forma específica da escravidão que se constituiu no Brasil seja a chave fundamental para a compreensão da singularidade social e cultural brasileira. Acredito, no entanto, que Freyre na realidade possui *duas visões da sociedade colonial brasileira* a partir de duas visões que me parecem conflitantes acerca da particular forma de escravidão que se teria implantado entre nós.

Em Freyre, a visão sobre a especificidade da escravidão brasileira alterna entre uma ênfase no tema do sadomasoquismo e uma concentração no tema da mestiçagem. Essa ambiguidade é constitutiva da forma como Freyre percebe a singularidade da escravidão brasileira. A astuciosa estratégia de domínio, que é a substância do que ele irá chamar de "escravidão muçulmana", permite uma expansão e durabilidade da conquista inigualáveis na medida em que associa o acesso a bens materiais e ideais muito concretos à identificação do dominado com os valores do opressor. A conquista pode assim abdicar da vigilância e do emprego sistemático da violência para a garantia do domínio e passar a contar crescentemente com um elemento volitivo internalizado e desejado pelo próprio oprimido. O Brasil colônia estava cheio de exemplos desse tipo de política. Isso permitia não só que fossem usados aqui capitães do mato e feitores negros ou mulatos; também possibilitava a povoação de enormes massas territoriais sem que a dominância do elemento conquistador fosse posta seriamente em perigo.

Se no polo negativo essa astuciosa estratégia de domínio implica subordinação e sistemática reprodução social da baixa autoestima nos grupos dominados, no polo positivo abre uma possibilidade efetiva e real de diferenciação social e mobilidade social. É a partir desse polo positivo que Freyre constrói sua tese da mestiçagem como peculiaridade social brasileira. Essa construção, por secundarizar o elemento de opressão e subordinação sistemática, é ideológica; efetivamente levou

A CONSTITUIÇÃO DO PODER PESSOAL: PATRIARCALISMO E ESCRAVIDÃO

Freyre a pleitear uma espécie de "contribuição singularmente brasileira à civilização". Essa ideia tem afinidades profundas com a temática romântica alemã, ao pleitear uma originalidade cultural, ao limite, incomparável. Apenas a partir dessa ideia é que podemos compreender a contraposição que perpassa a sua obra entre a democracia racial, ou "social", como ele preferia, brasileira e a democracia "apenas política" dos Estados Unidos. Esse relativismo politicamente perigoso o levaria, especialmente em suas obras luso-tropicalistas, a toda espécie de delírio culturalista acerca do moreno e mestiço, e toda sorte de elogio do autoritarismo político para a proteção dessa pretensa originalidade luso-tropical. É também o tema da mestiçagem que faz Freyre enfatizar a continuidade entre Portugal e Brasil – pois seria, afinal, um "gene cultural" herdado dos portugueses.

Para uma percepção da linha de continuidade entre Portugal e Brasil, a noção mais importante no argumento freyriano é a da "plasticidade" do português. Essa plasticidade é desenvolvida em *Casa-grande e senzala* sob a forma de um retrato do caráter nacional português, que traria o dado da dualidade e da ambiguidade como seu traço fundamental. Por ser ambíguo, de uma ambiguidade cultural tão fundamental como a bissexualidade da personalidade humana, o português traria todas as oposições e todos os antagonismos dentro de si. Essa noção serve, no entanto, para demonstrar um elemento de continuidade e de permanência essencial, elemento eivado de ambiguidade. Aqui não se trata mais da ambiguidade do português mas do próprio argumento de Freyre. É que para demonstrar sua tese da mestiçagem e da comunicação entre culturas, primeiro como característica distintiva do português como colonizador e mais tarde, nos seus textos luso-tropicalistas, como contribuição luso-brasileira à civilização, Freyre é obrigado a defender simultaneamente uma continuidade sem rupturas e uma interpenetração renovadora e "democratizante" com outras culturas do elemento dominante português.

A CONSTRUÇÃO SOCIAL DA SUBCIDADANIA

A noção de plasticidade se presta maravilhosamente a essa prestidigitação teórica. É que a *plasticidade* permite que imaginemos o português ao mesmo tempo como uma entidade que se comunica e que se transforma no contato com o diferente, permanecendo, no entanto, em sua essência, sempre igual a si mesmo no decorrer do tempo. O português entra em contato com o elemento nativo e com o adventício, formando, em contraposição ao colonizador anglo-saxão, uma nova ligadura, um novo produto social e cultural. No entanto, o elemento português permanece, apesar de todos esses contatos, sempre igual a si mesmo. O português é ele e o outro ao mesmo tempo; é *plástico* por já possuir dentro de si todos os opostos. Essa espantosa qualidade cultural permite que, ao encontrar alguma alteridade fora dele, o português possa lançar mão de características assemelhadas a esse *alter* na sua própria personalidade, o que possibilita interpenetração cultural sem perda da sua "substância" original.

Acredito que grande parte da discussão sobre as "contradições em equilíbrio", acerca de todo culto à contradição e à ambiguidade em Freyre, tenha a ver com a noção visceralmente imprecisa e escorregadia dessa plasticidade do português. Falta qualquer sentido unívoco a essa noção de plasticidade, e sabemos o quanto dependemos de conceitos precisos para a compreensão de uma realidade complexa. A polissemia serve pouco à ciência e muito à ideologia; acredito que a noção de plasticidade está na base da operação de transvalorização ideológica que animou o esforço de Freyre tanto em *Casa-grande e senzala* quanto na sua obra luso-tropicalista posterior. Gilberto Freyre almejava inverter o sinal negativo da obra portuguesa aqui e alhures talvez como meio de reverter a baixa autoestima do brasileiro. Esse ponto é fundamental na medida em que essa é a ideologia brasileira por excelência, tendo se tornado o vínculo simbólico e explícito entre os brasileiros de todas as classes, com sua transformação em doutrina oficial do Estado arregimentador a partir de 1930.

A CONSTITUIÇÃO DO PODER PESSOAL: PATRIARCALISMO E ESCRAVIDÃO

Certamente não é essa versão de escravidão e encontro cultural brasileiro que pretendo aproveitar aqui. Interessa, na verdade, a versão sobreposta e reprimida que, no entanto, aparece em fragmentos e em espaços descontínuos de argumentação. É essa visão, secundarizada pelo próprio Freyre, que me interessa reconstruir. Como em toda reconstrução conceitual, a comparação é um instrumento indispensável. Acredito que a comparação privilegiada por Gilberto Freyre nesse aspecto seja por referência ao sul escravocrata norte-americano. Embora várias das citações no texto de *Casa-grande e senzala* tendam a indicar "a mais absoluta similaridade, nunca apontando para nenhuma diferenciação"[8] entre os dois sistemas, acredito ainda ser possível fazer algumas qualificações interessantes. Sem dúvida, esse aspecto da semelhança é insistentemente repetido em *Casa-grande e senzala*: são fundamentais o sistema econômico de produção escravocrata e monocultor e a organização social patriarcal.[9] São pontos que aproximam todas as formas de sociedades escravocratas nas Américas, nos Estados Unidos, no Brasil ou em Cuba. No entanto, se os pontos essenciais são os mesmos, isso não significa que as diferenças "acessórias" não sejam importantes ou até decisivas no estudo comparado de sociedades de um mesmo tipo.

Acredito, portanto, que devamos examinar essa "essência" semelhante das grandes sociedades escravocratas das Américas *cum grano salis*. Afinal, isso equivaleria a dizer, em termos atuais, que as sociedades industriais avançadas dos Estados Unidos e da Alemanha Federal são "essencialmente" semelhantes, por exemplo, no modo de produção econômico (para usar o mesmo termo de Gilberto Freyre quando aproxima as sociedades escravocratas brasileira e norte-americana). Pouca gente sensata divergiria dessa afirmativa. Ao mesmo tempo, creio também que pouca gente deixaria de admitir que existem diferenças

---

8 Ricardo Benzaquen Araújo, *Guerra e paz*, 1993, p. 98.
9 Gilberto Freyre, *op. cit.*, 1957, pp. 360, 410, 422.

"acessórias" entre as sociedades norte-americana e alemã, às quais correspondem as distinções sociologicamente significativas em relação a traços estruturais dessas duas sociedades de mesmo tipo. Existem aspectos de influência histórica que fazem com que essas duas sociedades "essencialmente semelhantes" tenham diferenças políticas e culturais em nada desprezíveis para o analista.

Acredito que eram diferenças desse tipo que estavam subjacentes ao argumento freyriano. Em uma conferência realizada na Universidade de Stanford, Califórnia, em 1931 (dois anos antes da publicação de *Casa-grande e senzala*), onde Freyre, ao falar da especificidade da escravidão brasileira em relação à "escravidão noutras áreas [da América] dominadas, desde o século XVII, por outros povos europeus",[10] indaga-se o autor:

> Por que essa diferença? A meu ver por ter sido [o brasileiro] um regime de escravidão [...] antes árabe que europeu em seu modo de ser escravocrata. E ninguém ignora que há imensa distância entre as duas concepções – a europeia, pós-industrial, e a oriental, pré-industrial – de considerar-se o escravizado. Numa o escravizado é simples máquina de trabalho. Na outra, é pessoa quase da família.[11]

Resguardados possíveis e prováveis exageros nessa contraposição, os termos da diferença estão postos com a maior clareza possível. Vale a pena demorar-se nesse ponto, já que é o fio condutor de toda a argumentação dessa versão freyriana reprimida da especificidade da escravidão e, consequentemente, da formação social colonial brasileira. Benzaquen de Araújo, no seu livro já clássico sobre Freyre, ao seguir a pista da indistinção entre a escravidão brasileira e norte-americana, termina, inclusive, por inverter o lugar da herança moura no raciocínio freyriano. Ele a percebe como um dado do "despotismo oriental"[12]

---

10 *Veja*, 15 set. 1999, p. 71.
11 *Ibidem*.
12 Ricardo Benzaquen Araújo, *op. cit.*, 1993, p. 47-57.

A CONSTITUIÇÃO DO PODER PESSOAL: PATRIARCALISMO E ESCRAVIDÃO

quando, na realidade, para Freyre, é a chave explicativa do elemento inverso, da "confraternização", do componente "familiar", distintivo da escravidão brasileira nas Américas. Em *Novo mundo nos trópicos* esse ponto é referido com toda a clareza:

> Em toda parte, fiquei impressionado pelo fato de que o parentesco sociológico entre os sistemas português e maometano de escravidão parece responsável por certas características do sistema brasileiro. Características que não são encontradas em nenhuma outra região da América onde existiu a escravidão. O fato de que a escravidão, no Brasil, foi, evidentemente, menos cruel do que na América inglesa, e mesmo do que nas Américas francesa e espanhola, já me parece documentado de forma idônea.[13]

Essa característica nova, maometana, seria, portanto, o fator responsável pelo caráter mais "benigno" da escravidão brasileira nas Américas, especialmente em relação à do sul dos Estados Unidos. Que fator teria sido esse?

> E por que foi assim? Não pelo fato de os portugueses serem um povo mais cristão do que os ingleses, os holandeses, os franceses ou os espanhóis, a expressão "mais cristãos" significando aqui, eticamente superiores na moral e no comportamento. A verdade seria outra: a forma menos cruel de escravidão desenvolvida pelos portugueses no Brasil parece ter sido o resultado de seu contato com os escravocratas maometanos, conhecidos pela maneira familial como tratavam seus escravos, pelo motivo muito mais concretamente sociológico do que abstratamente étnico de sua concepção doméstica da escravidão, ter sido diverso da industrial. Pré-industrial e até anti-industrial. Sabemos que os portugueses, apesar de intensamente cristãos – mais do que isso até, campeões da causa do cristianismo contra a causa do Islã – imitaram os árabes, os mouros, os

---

13 Gilberto Freyre, *Novo mundo nos trópicos*, 1969, p. 179.

maometanos em certas técnicas e em certos costumes, assimilando deles inúmeros valores culturais. A concepção maometana da escravidão, como sistema doméstico ligado à organização da família, inclusive às atividades domésticas, sem ser decisivamente dominada por um propósito econômico-industrial, foi um dos valores mouros ou maometanos que os portugueses aplicaram à colonização predominantemente, mas não exclusivamente cristã, do Brasil.[14]

Esse ponto é fundamental porque, apenas a partir dele, podemos reconstruir o que Freyre sempre procurou: o elemento distintivo capaz de explicar a "diferença específica" da sociedade escravocrata brasileira em meio às experiências "essencialmente similares" das outras sociedades escravocratas do continente.

Resta ainda perguntar: o que significa *exatamente* a influência desse elemento familiar? O esclarecimento desse aspecto é absolutamente central, posto que pode ajudar a compreender não só a instituição da escravidão brasileira enquanto tal para Gilberto Freyre, pelo menos na sua versão implícita e reprimida, mas também a peculiaridade da constituição do poder pessoal na sociedade colonial brasileira. Sendo uma espécie de "instituição total" no Brasil, a forma peculiar da escravidão traria consigo a "semente" da forma específica que assumiu o poder pessoal e familístico entre nós. Qual seria essa "semente"? Ao se referir a uma conversa sobre o assunto com seu mestre Franz Boas, Freyre nos dá uma pista interessante para a questão:

> Quando, em 1938, falei ao meu velho professor da Universidade Columbia, o grande Franz Boas, sobre as ideias que tinha a esse respeito, ele me disse que as mesmas poderiam servir de base a uma nova compreensão e mesmo interpretação da situação brasileira; e que eu devia continuar minhas pesquisas relativas à conexão existente entre a cultura portuguesa e a moura – ou maometana – particularmente entre seus sistemas de

---

14 *Ibidem*, p. 180.

A CONSTITUIÇÃO DO PODER PESSOAL: PATRIARCALISMO E ESCRAVIDÃO

escravidão. Argumentou ainda que os maometanos, árabes e mouros, durante muitos séculos haviam sido superiores aos europeus e cristãos em seus métodos de assimilação de culturas africanas à sua civilização.[15]

O contexto da reportagem dessa conversa com o antigo mestre remete à alegria de Freyre de ver suas intuições corroboradas por figuras para ele respeitáveis e acima de qualquer suspeita. A citação mostra uma concordância de Franz Boas no aspecto que sempre foi, para Freyre, o aspecto mais conspícuo da formação brasileira: o sincretismo cultural, uma combinação entre Europa e África que logrou produzir uma sociedade singular, não redutível a nenhum dos termos que haviam participado originalmente da sua formação. Importante para nossos propósitos, no entanto, é a circunstância de que é precisamente a herança cultural moura na forma da escravidão que parece ter sido o elemento decisivo da singularidade da sociedade escravocrata colonial e, portanto, da semente da forma singular que a dependência pessoal assumiu entre nós – ou seja, do elemento que deveria "esquematizar", no sentido tayloriano do termo, a futura influência europeizante moderna, burguesa e, nesse sentido, antiportuguesa.

É interessante notar que Freyre, na construção dessa hipótese alternativa, tende a secundarizar a reflexão culturalista percebida como totalizadora e independente de determinações estruturais para levar em conta, antes de tudo, fatores sociológicos estruturais – por exemplo, a necessidade de povoamento de tão grandes terras por um país pequeno e relativamente pouco populoso: "Daí a forma de escravidão que os portugueses adotaram no Oriente e no Brasil ter se desenvolvido mais à maneira árabe que à maneira europeia; e haver incluído, a seu modo, a própria poligamia, a fim de aumentar-se, por esse meio maometano, a população."[16]

---

15 *Ibidem*, p. 180.
16 *Ibidem*, p. 180.

O tema da família aumentada é aqui a chave da especificidade que Freyre pretende construir. Para Freyre, essa instituição não estava ligada apenas à mera necessidade funcional e instrumental de aumentar o número de escravizados. É que a família polígama maometana tinha uma característica muito peculiar: "De acordo com os maometanos, bastava ao filho da ligação de árabe com mulher escrava adotar a fé, os rituais e os costumes do seu pai, para se tornar igual ao mesmo pai, socialmente falando."[17] E, a seguir, sobre a "versão portuguesa" da aplicação desse princípio cultural:

> Os portugueses [...] assim que se estabeleceram no Brasil começaram a anexar ao seu sistema de organização agrária de economia e de família uma dissimulada imitação de poligamia, permitida pela adoção legal, por pai cristão, quando este incluía, em seu testamento, os filhos naturais, ou ilegítimos, resultantes de mães índias e também de escravas negras. Filhos que, nesses testamentos, eram socialmente iguais, ou quase iguais, aos filhos legítimos. Aliás, não raras vezes, os filhos naturais, de cor, foram mesmo instruídos na casa-grande pelos frades ou pelos mesmos capelães que educavam a prole legítima, explicando-se assim a ascensão social de alguns desses mestiços.[18]

Acredito que o próprio núcleo da singularidade da escravidão brasileira, sempre na sua "versão reprimida", para Gilberto Freyre, advém desse fato fundamental de que o filho da africana escravizada com o senhor europeu "poderia" (ou seja, *existia a possibilidade real, quer fosse atualizada ou não*) ser aceito como "europeizado", no caso de aceitação da fé, dos rituais e dos costumes do pai. Talvez isso não sirva para esclarecer a decantada "democracia racial", na medida em que o "europeu" permanecia como o termo absolutamente positivo, dominante e superior da relação. Mas talvez ajude a esclarecer a singularidade do tipo de sociedade patriarcal que aqui se constituiu.

---

17 *Ibidem*, p. 181.
18 *Ibidem*.

Gostaria de tentar uma interpretação alternativa do nosso específico "patriarcalismo", como descrito em *Casa-grande e senzala* a partir da noção de sadomasoquismo. Qualquer leitor ou leitora com suficiente paciência poderia contar às dezenas as referências de Freyre a relações sadomasoquistas, seja em *Casa-grande e senzala*, seja em *Sobrados e mucambos*,[19] seja ainda em livros como *Nordeste*. No entanto, esse esforço pode ser também seguido de acordo com um princípio antes sistemático do que tópico, tentando-se perceber, acima de tudo, o alcance analítico dessa noção para a empreitada hermenêutica a que Freyre se propõe. Estou convencido de que a análise desse conceito pode ser de alguma ajuda para a compreensão da ambiguidade ou imprecisão, talvez mais importante no conceito de patriarcalismo de Gilberto Freyre: a consideração simultânea de distância e segregação com proximidade e intimidade.

O final do primeiro capítulo de *Casa-grande e senzala* fornece uma interessante chave explicativa social-psicológica, do patriarcalismo. Esse capítulo é um esforço de síntese, que abrange o período de formação e consolidação do patriarcalismo familiar brasileiro que constitui o período histórico analisado no livro. De certa forma, Freyre retira todas as consequências do fato de que *a família é a unidade básica*, dada a distância do Estado português e de suas instituições, da formação brasileira e interpreta o drama social da época sob a égide de um conceito psicoanalítico: o de sadomasoquismo.[20] Na construção desse conceito,

---

19 Gilberto Freyre, *Sobrados e mucambos*, 1990b.

20 Para Freud, tanto o sadismo quanto o masoquismo são componentes de toda relação sexual "normal" desde que permaneçam como subsidiários. É apenas quando o infligir ou receber a dor transforma-se em componente principal, ou seja, passa a ser o objetivo mesmo da relação, que temos o papel determinante do componente patológico. *Ver* Sigmund Freud, "Drei Abhandlungen zur Sexualtheorie", 1984, p. 67. Na esfera social, o ponto essencial é a adaptação do aparato instintivo à situações socioeconômicas. Erich Fromm, por exemplo, procurou aproveitar os estudos freudianos acerca do "caráter" para a construção de tipos sociais mais ou menos predispostos à uma relação autoritária. *Ver* Erich Fromm, *Sozialpsychologischer Teil,* 1987, pp. 93-135.

A CONSTRUÇÃO SOCIAL DA SUBCIDADANIA

Freyre se concentra em condicionamentos estritamente macrossociológicos – antes de tudo, pelo caráter autárquico do domínio senhorial condicionado pela ausência de instituições acima do senhor territorial imediato. Uma tal organização societária, especialmente quando o domínio da classe dominante é exercido pela via direta da violência armada, não propicia a constituição de freios sociais ou individuais aos desejos primários de sexo, agressividade, concupiscência ou avidez. As emoções são vividas em suas reações extremas, expressadas diretamente, e a convivência de emoções contrárias em curto intervalo de tempo é um fato natural.

Na dimensão social, as rivalidades entre vizinhos tomam por completo também todos os seres que se identificam em linha vertical com os respectivos senhores. Uma espessa rede de intrigas, invejas, ódios e afetos contraditórios é percebida como congênita a esse tipo de organização social. Estamos lidando, no caso brasileiro, na verdade, com um conceito-limite de sociedade, onde a ausência de instituições intermediárias faz com que o elemento familístico seja seu componente principal. Daí que o drama específico dessa forma societária possa ser descrito a partir de categorias sociopsicológicas cuja gênese aponta para relações sociais ditas primárias. É precisamente como uma sociedade constitutiva e estruturalmente sadomasoquista, no sentido de uma patologia social específica, onde a dor alheia, o não reconhecimento da alteridade e a perversão do prazer transformam-se em objetivo máximo das relações interpessoais, que Gilberto Freyre interpreta a semente essencial do patriarcalismo brasileiro. Freyre percebe, claramente, que a direção dos impulsos agressivos e sexuais primários depende "em grande parte de oportunidade ou chance, isto é, de influências externas sociais. Mais do que predisposição ou de perversão inata".[21]

> A verdade, porém, é que nós (sic) é que fomos os sadistas; o elemento ativo na corrupção da vida de família; e muleques e mulatas o elemento

---

21 Gilberto Freyre, *op. cit.*, 1957, p. 59.

A CONSTITUIÇÃO DO PODER PESSOAL: PATRIARCALISMO E ESCRAVIDÃO

passivo. Na realidade, nem o branco nem o negro agiram por si, muito menos como raça, ou sob a ação preponderante do clima, nas relações de sexo e de classe que se desenvolveram entre senhores e escravos no Brasil. Exprimiu-se nessas relações o espírito do sistema econômico que nos dividiu, como um Deus todo-poderoso, em senhores e escravos. Dele se deriva a exagerada tendência para o sadismo característica do brasileiro, nascido e criado em casa-grande, principalmente em engenho; e a que insistentemente temos aludido neste ensaio. Imagine-se um país com os meninos armados de faca de ponta! Pois foi assim o Brasil do tempo da escravidão.[22]

Ou ainda, ao discorrer sobre a permanência dessa "semente" de sociabilidade patriarcal, mesmo depois de abolida a escravatura:

Não há brasileiro de classe mais elevada, mesmo depois de nascido e criado depois de oficialmente abolida a escravidão, que não se sinta aparentado do menino Braz Cubas na malvadez e no gosto de judiar com negros. Aquele mórbido deleite em ser mau com os inferiores e com os animais é bem nosso: é de todo menino brasileiro atingido pela influência do sistema escravocrata.[23]

E ainda uma última citação, para não abusar da paciência do leitor e da leitora, esta de Machado de Assis, em *Memórias póstumas de Brás Cubas*, usada aqui por Freyre de modo a esclarecer de que maneira os valores do sadomasoquismo social eram transmitidos de pai para filho pelos mecanismos sutis da "educação".

Um dia quebrei a cabeça de uma escrava, porque me negara uma colher de doce de coco que estava fazendo, e, não contente com o malefício, deitei um punhado de cinza ao tacho, e, não satisfeito da travessura, fui

---

22 *Ibidem*, p. 361.

23 *Ibidem*, p. 354. Freyre grafa "Braz" como o nome foi escrito originalmente por Machado de Assis.

A CONSTRUÇÃO SOCIAL DA SUBCIDADANIA

dizer a minha mãe que a escrava é que estragara o doce "por pirraça"; e eu tinha apenas seis anos. Prudêncio, um muleque de casa, era meu cavalo de todos os dias; punha as mãos no chão, recebia um cordel nos queixos, à guisa de freio, eu trepava-lhe ao dorso, com uma varinha na mão, fustigava-o, dava-lhe mil voltas a um e outro lado, e ele obedecia, – algumas vezes gemendo – mas obedecia sem dizer palavra, ou, quando muito, um – "ai, nhonhô!" – ao que eu retorquia – cala a boca, besta!" Esconder os chapéus das visitas, deitar rabos de papel a pessoas graves, puxar pelo rabicho das cabeleiras, dar beliscão nos braços das matronas, e outras muitas façanhas deste jaez, eram mostras de um gênio indócil, mas devo crer que eram também expressões de um espírito robusto, porque meu pai tinha-me em grande admiração; e se às vezes me repreendia, à vista de gente, fazia-o por simples formalidade: em particular dava-me beijos.[24]

A explicação sociológica para a origem desse "pecado original" do patriarcalismo brasileiro, para Gilberto Freyre, exige a consideração da necessidade objetiva de um pequeno país como Portugal solucionar o problema de como colonizar terras gigantescas: pela delegação da tarefa a particulares, antes estimulando do que coibindo o privatismo e a ânsia de posse. Para Freyre, é de fundamental importância para a compreensão da singularidade do personalismo brasileiro a influência continuada e marcante dessa semente original. Gilberto Freyre enfatiza o elemento personalista, de forma distinta dos teóricos da primeira fase da Escola de Frankfurt,[25] que também na mesma década de 1930 procuravam, com a ajuda do mesmo conceito, explicar a ascensão do nazismo, partindo de um quadro categorial que pressupunha uma rígida estrutura hierárquica preexistente, onde a obediência acrítica em relação aos estratos superiores possuía uma conexão estrutural com o despotismo em relação aos grupos mais passíveis de estigmatização.

---

24 Machado de Assis *apud* Gilberto Freyre, *Casa-grande e senzala,* p. 354.

25 Ver especialmente a contribuição, já citada, de Erich Fromm, no contexto dos estudos realizados na década de 1930 pela Escola de Frankfurt. Erich Fromm, *op. cit.,* 1987.

A CONSTITUIÇÃO DO PODER PESSOAL: PATRIARCALISMO E ESCRAVIDÃO

É que patriarcalismo, para ele, tem a ver com o fato de que não existe limites à autoridade pessoal do senhor de terras e de escravizados. Não existe justiça superior a ele, como em Portugal era o caso da justiça da Igreja, que decidia em última instância querelas seculares; não existia também poder policial independente que lhe pudesse exigir cumprimentos de contrato, como no caso das dívidas impagáveis de que fala Freyre; não existia ainda, *last but not least*, poder moral independente, posto que a capela era uma mera extensão da casa-grande. Sem dúvida, a sociedade cultural e racialmente híbrida de que nos fala Freyre não significa de modo algum igualdade entre as culturas e raças. Houve domínio e subordinação sistemática; ou melhor (ou pior, no caso), houve perversão do domínio no conceito-limite do sadismo. Nada mais longe de um conceito idílico ou róseo de sociedade. Foi sádica a relação do homem português com as mulheres indígenas e negras. Era sádica a relação do senhor com suas próprias mulheres brancas, as bonecas para reprodução e sexo unilateral de que nos fala Freyre.[26] Era sádica, finalmente, a relação do senhor com os próprios filhos, os seres que mais sofriam e apanhavam depois dos escravizados.[27]

O senhor de terras e de escravizados era um hiperindivíduo, não o super-homem futurista nietzscheano que obedece aos próprios valores que supostamente cria, mas o super-homem do passado, o bárbaro sem qualquer noção internalizada de limites em relação aos seus impulsos primários. Se as condições socioeconômicas específicas ajudam a compreender o caráter despótico e segregador do patriarcalismo, o que dizer do elemento de "proximidade"? Em parte, o próprio conceito de sadomasoquismo implica "proximidade" e alguma forma de "intimidade". Intimidade do corpo e distância do espírito, sem dúvida, mas de qualquer modo "proximidade". E, efetivamente, grande parte da relação entre senhores brancos e escravizados negros, como já vimos,

---

26 Gilberto Freyre, *op. cit.*, 1957, pp. 60, 326, 332.

27 *Idem, op. cit.*, 1990b, pp. 68, 71.

se realizava sob essa forma de contato "íntimo". No entanto, Freyre refere-se, simultaneamente, a uma proximidade "confraternizadora" entre portadores de culturas dominantes e dominadas.

A extensão da família poligâmica, de origem moura, entra no raciocínio do autor, creio eu, precisamente para explicar esse outro tipo de "comunicação social" entre desiguais.[28] Como a participação no manto protetor paterno depende da discrição e do arbítrio deste último, todas as modalidades de "protetorado pessoal" são possíveis. O leque de possibilidades vai desde o reconhecimento privilegiado de filhos ilegítimos ou naturais em desfavor dos filhos legítimos, como nos exemplifica Freyre em numerosos casos de divisão de herança, até a total negação da responsabilidade paterna nos casos dos pais que vendiam os filhos ilegítimos. A proteção patriarcal é, portanto, pessoalíssima, sendo uma extensão da vontade e das inclinações emocionais do patriarca.

Interessante é o passo imediatamente posterior, ou seja, a transformação da dependência pessoal em relação ao patriarca em "familismo". Como sistema, o familismo tende a instaurar alguma forma de bilateralidade, ainda que incipiente e instável, entre favor e proteção, não só entre o pai e seus dependentes, mas também entre famílias diferentes entre si, criando um sistema complexo de alianças e rivalidades. No tipo de sociedade analisado em *Casa-grande e senzala*, o patriarcalismo familial se apresenta em forma praticamente pura, com o vértice da hierarquia social sendo ocupado pela figura do patriarca. A especificidade do caso brasileiro é representada pela possibilidade (influência

---

28 É aqui que se forja a "pré-história" do mestiço, especialmente do mulato brasileiro, tema que será um dos fios condutores da narrativa freyriana em *Sobrados e mucambos*. Para Freyre, o tema da ascensão social do mulato seria tema para ser guardado para ser discutido mais tarde: em outro livro, que trata de outro período histórico de nossa formação, que viria a ser precisamente *Sobrados e mucambos*. Mas já em *Casa-grande e senzala* encontramos a menção das enormes famílias polígamas formadas também por filhos naturais e ilegítimos, os quais, não sendo nem senhores nem escravizados, seriam já uma protoclasse média naquela sociedade tão radicalmente dividida em polos antagônicos.

A CONSTITUIÇÃO DO PODER PESSOAL: PATRIARCALISMO E ESCRAVIDÃO

maometana para Freyre) sempre incerta, mas real, de identificação do patriarca com seus filhos ilegítimos ou naturais, com escravas ou nativas. A ênfase americana na pureza da origem, por exemplo, retirava de plano essa possibilidade.

No entanto, o peso do elemento "tradicional", ou seja, o conjunto de regras e costumes que com o decorrer do tempo vai se consolidando em uma espécie de direito consuetudinário regulando as relações de dependência, parece ter sido, no caso brasileiro, reduzido ao mínimo. (Disso nos lembra Max Weber, no seu estudo acerca do patriarcalismo, e que serve de limitação ao arbítrio do patriarca.) Daí a ênfase no elemento sadomasoquista em Gilberto Freyre. O maior isolamento e consequente aumento do componente autárquico de cada sistema "casa-grande e senzala" pode aqui ter sido o elemento principal. A ausência de limitações externas de qualquer tipo engendra relações sociais onde as inclinações emotivas da pessoa do patriarca jogam o papel principal.

Esse ponto não me parece um aspecto isolado ou pitoresco da reflexão freyriana. Ao contrário, contempla a dinâmica dos princípios estruturantes que dão compreensibilidade ao seu conceito de patriarcalismo e, portanto, a toda a empresa de Freyre. As consequências política e social dessas tiranias privadas, quando se transmitem da esfera da família e da atividade sexual para a esfera pública das relações políticas e sociais, se torna evidente na dialética de mandonismo e autoritarismo, no lado das elites, e no populismo e messianismo das massas. Tal dialética iria, mais tarde, assumir formas múltiplas e mais concretas nas oposições entre doutores e analfabetos, grupos e classes mais europeizados e massas ameríndia e africana, assim por diante.

Do ponto de vista do patriarca, existe também uma série de motivos "racionais" para aumentar na maior medida possível seu raio de influência por meio da família poligâmica. Existe toda uma gama de funções de "confiança", no controle do trabalho e na caça de escravizados fugidos, além de serviços "militares" em disputas por limites de terra etc., que seriam mais bem exercidos por membros da

A CONSTRUÇÃO SOCIAL DA SUBCIDADANIA

"família ampliada" do patriarca. E aqui já temos uma primeira versão da ambígua "confraternização" entre raças e culturas distintas, que a família ampliada patriarcal ensejava. Enquanto esse tipo de serviço de controle e guarda era exercido nos Estados Unidos exclusivamente por brancos, no Brasil havia predomínio de mestiços.[29] Nota-se, desde aí, a ambiguidade entre possibilidade real e efetiva de ascenção social para os mestiços no familismo patriarcal, em troca de identificação com os valores e interesses do opressor.

Além dos motivos econômicos e políticos que favoreciam o familismo patriarcal rural brasileiro, tínhamos uma interessante forma religiosa também familial. O componente mágico, da proximidade entre o sagrado e o profano, constitutivo de toda espécie de catolicismo, foi levado aqui a seu extremo. Havia impressionante familiaridade entre os santos e os homens, cumprindo àqueles, inclusive, funções práticas dentro da ordem doméstica e familiar. Mais importante ainda é que o culto aos santos se confundia também com o culto aos antepassados, conferindo ao "familismo" como sistema uma base simbólica própria. A família era o mundo e até, em grande medida, portanto, o além-mundo. Além da base econômica e política "material", o catolicismo "familial" lançava os fundamentos de uma base imaterial e simbólica referida às suas próprias necessidades de interpretar o mundo a partir de seu ponto de vista tópico e local. Acredito que o patriarcalismo familial rural e escravocrata, para Freyre, envolvia a definição de uma instituição total, no sentido de um conjunto articulado em que diversas necessidades ou dimensões da vida social encontravam uma referência complementar e interdependente.

O componente sadomasoquista era constitutivo na medida em que inclinações pessoais do patriarca (ou de seus representantes), com um mínimo de limitações externas materiais ou simbólicas, decidiam em última instância sobre a amplitude do núcleo familiar e como, a quem

---

29 Carl Degler, *Neither Black nor White*, 1971, p. 84.

A CONSTITUIÇÃO DO PODER PESSOAL: PATRIARCALISMO E ESCRAVIDÃO

e em que proporção seriam distribuídos seu favor e sua proteção. O componente de "proximidade" social entre desiguais que Freyre enfatiza ao lado do componente violento e segregador é instável, imprevisível e particularista. Nesse contexto de total dependência dos escravizados em relação ao senhor é que podemos compreender a especificidade do tipo de sociedade, baseada no poder pessoal, que aqui se constituiu. Isso ocorre sem a proteção que o costume e a tradição garantiam ao elemento dominado em outras sociedades tradicionais, possibilitando, desse modo, em alguma medida pelo menos, formas de constituição de autoestima, bem como reconhecimento social independentes da vontade do senhor.

A proteção do senhor era discricionária e estava relacionada a uma outra característica árabe da sociedade colonial brasileira: a família poligâmica. Os filhos dos senhores e escravizados, desde que assumissem os valores do "pai", ou seja, se se identificassem com ele, tinham a possibilidade de ocupar os postos intermediários em sociedade tão marcadamente bipolar. Devia haver inclusive grande concorrência entre os filhos ilegítimos e as candidatas a concubinas pelos favores e proteção do senhor e de sua família. Existiam prêmios materiais e ideais muito concretos em jogo, de modo a recompensar quem mais bem interpretasse e internalizasse, como se fosse sua, a vontade e os desejos do dominador. E é precisamente essa assimilação da vontade externa como se fosse própria, assimilação socialmente condicionada e que mata no nascedouro a própria autorrepresentação do dominado como um ser independente e autônomo, que o conceito de sadomasoquismo quer significar.

6. A CONSTITUIÇÃO DO PODER PESSOAL: O DEPENDENTE FORMALMENTE "LIVRE"

Mas o personalismo não se limitou ao ambiente das relações diretas entre senhor e escravizado. No sentido social e econômico, o lugar estrutural do sistema escravocrata lançou sua sombra para todas as outras relações sociais. Isso é especialmente verdade para outro estrato social fundamental e numeroso do Brasil colônia – e sob formas modificadas, como veremos, também do Brasil moderno –, que é o "dependente" ou "agregado" formalmente livre e de qualquer cor da pele. A situação social do dependente estava marcada pela posição intermediária entre o senhor proprietário e o escravizado obrigado a trabalhos forçados. Ele era um despossuído, formalmente livre, cuja única chance de sobrevivência era ocupar funções nas franjas do sistema como um todo: "Formou-se, antes, uma 'ralé', que cresceu e vagou ao longo de quatro séculos: homens a rigor dispensáveis, desvinculados dos processos essenciais à sociedade. A agricultura mercantil baseada na escravidão simultaneamente abria espaço para sua existência e os deixava sem razão de ser."[1]

Já vimos aqui as principais características dessa "ralé", objeto principal deste livro. São seres humanos, a rigor, dispensáveis, na medida em que não exercem papéis fundamentais para funções produtivas essenciais, e que conseguem sobreviver nos interstícios e ocupações marginais da ordem produtiva. Esse tipo humano, como o do escravi-

---

1 Maria Sylvia de Carvalho Franco, *Homens livres na ordem escravocrata*, 1997, p. 14.

A CONSTRUÇÃO SOCIAL DA SUBCIDADANIA

zado, também espalhou-se por todo o território nacional e representava, em meados do século XIX, cerca de 2/3 da população nacional.[2] O estudo clássico de Maria Sylvia de Carvalho Franco sobre o dependente formalmente livre na região do Vale do Paraíba interessou-me, desde minha primeira leitura, precisamente por oferecer uma investigação empírica, enriquecida por uma bela e sintética exposição do drama psicossocial desse dependente, generalizável, a meu ver, as suas outras variações regionais.[3]

Desse modo, a relativa "dispensabilidade" econômica do dependente, que vai, como veremos, marcar também toda a sua existência moral e política, é condicionada pelo que Carvalho Franco chama de "presença ausente" da escravidão. Essa sombra da escravidão não será apenas evidente no sentido da vida destinada a uma existência economicamente marginal, mas também, e mais importante para os fins deste livro, para a definição de um padrão de (não) reconhecimento social muito semelhante àquele do qual o próprio escravizado é vítima, embora oculto sob formas aparentemente voluntárias e consensuais que dispensam grilhões e algemas. Como veremos também, as circunstâncias sociais que permitem a constituição e reprodução de tais relações são comparáveis e participam do mesmo universo daquelas que possibilitam o padrão "muçulmano" de escravidão.

Carvalho Franco se interessa, antes de tudo, o que faz seu argumento essencial para a hipótese que pretendo construir no decorrer deste livro, pelo horizonte prático-moral que condiciona a vida e as relações sociais dos dependentes. O código moral do sertão, o "hábitat natural" do dependente rural por ela estudado, é perpassado pela violência, que

---

2 *Ibidem*, p. 35.

3 Apenas pouco a pouco fui percebendo que o interesse da maioria dos críticos e comentadores de seu trabalho se concentra na singularidade de sua reconstrução do patrimonialismo. Para mim, a parte menos interessante do seu excelente e estimulante trabalho, por razões que já devem ter ficado óbvias ao leitor e à leitora deste livro.

A CONSTITUIÇÃO DO PODER PESSOAL: O DEPENDENTE FORMALMENTE "LIVRE"

é endêmica, cotidiana e aflora quase sempre de forma abrupta com consequências devastadoras para os envolvidos. A violência nua e crua não é, portanto, o "outro" da vida comunitária, no sentido de ser a sua negação; é, sim, de certa forma, o seu núcleo. Para Carvalho Franco, a ubiquidade da violência tem a ver, antes de tudo, com a inevitável sobreposição de interesses acarretados pela escassez e pobreza.[4]

À pobreza se juntam a instabilidade gerada pela mobilidade social horizontal endêmica – único recurso de proteção contra as adversidades – e a ausência de um código moral de conduta cristalizado que pudesse impor padrões de conduta minimamente institucionalizados. Aqui, notamos a mesma ausência da institucionalização de uma esfera moral autônoma de fundo ético-religioso, que caracteriza a "nova periferia", que também havíamos notado no complexo casa-grande e senzala. Na ausência desse componente capaz de impor regras minimamente consensuais, o comportamento prático é regulado pelo "código da virilidade" ou, como prefere Carvalho Franco, pelo "código do desafio".[5] Seu principal elemento é que ele envolve os contendores na sua integridade, "não atingindo apenas um segmento abstrato de personalidades fracionadas em múltiplos papéis independentes".[6] Isso implica que, aos envolvidos no desafio, nada mais importa que o momento e a defesa incondicional e sem nenhuma gradação de uma noção primitiva e autocentrada de honra – mais uma vez produto da ausência de uma religiosidade ética que pressupõe alguma forma de descentração da consciência.

Os riscos não são cuidadosamente evitados mas ousadamente enfrentados e levados às últimas consequências. Na ausência de formas de regulação externa da conduta, seja através de mecanismos reguladores externos, seja através de códigos morais internalizados, a violência se erige em conduta aceita e legítima, sendo percebida como o único

---

4 Maria Sylvia de Carvalho Franco, *op. cit.*, 1997, p. 28.

5 *Ibidem*, p. 37.

6 *Ibidem*.

modo de restabelecer a integridade do agravado.[7] Aqui as reputações se expressam em frases do tipo "fulano não leva desaforo para casa" (ou, no seu equivalente nordestino, se o leitor e a leitora me permitem uma referência ao meu próprio horizonte cultural, "aquele cabra é macho mesmo, não tem medo de ninguém"). Aqui, os conflitos tendem a tomar a forma total de lutas de extermínio, pela impossibilidade de negociação que poderia limitá-los a proporções parciais.[8] Não é apenas a pobreza material e a escassez que se constituem fator explicativo básico do horizonte moral do dependente, mas em especial a sua pobreza espiritual, moral e simbólica em sentido amplo, que transforma a violência no único código legítimo.

Se a violência era a sombra ubíqua que refletia a ausência de um código moral explícito, internalizado e articulado que pudesse regular e controlar a vida social, isso não significa a inexistência de códigos inarticulados e opacos no sentido de não serem percebidos enquanto tais por seus praticantes e, muito especialmente, por suas vítimas. O próprio código da virilidade é, sem dúvida, uma versão rude e primitiva de vida moral. No entanto, aos meus olhos, o que existe de mais interessante e importante no trabalho de Carvalho Franco é o magistral desvelamento do código de honra que unia dependente e senhor de terras, numa relação vertical cujo vínculo hierárquico era tornado naturalizado e intransparente. Tal vínculo esclarece a importância do escravizado como "presença ausente", conferindo o seu caráter peculiar, apesar de não ser um elo direto da referida relação. Como vimos, era o escravizado que ocupava o lugar produtivo fundamental no sistema escravocrata. Vimos também que o dependente livre era, por conta disso, obrigado a ocupar as franjas e os interstícios da atividade econômica principal. Isso o obrigava a uma dependência objetiva em relação ao senhor de terras, apesar da ilusão subjetiva de liberdade ser um componente constitutivo dessa forma peculiar de dominação pessoal.

---

7 *Ibidem*, p. 51.

8 *Ibidem*, p. 61.

A CONSTITUIÇÃO DO PODER PESSOAL: O DEPENDENTE FORMALMENTE "LIVRE"

A maestria da exposição de Carvalho Franco reside em revelar a riqueza e as vicissitudes desse tipo ambíguo e encoberto de exercício do poder pessoal. Apesar de as manifestações fenomênicas do dependente serem várias, ele talvez possa ser captado adequadamente a partir do "agregado" rural ou urbano, figura clássica na melhor literatura brasileira.[9] Nas suas formas fenomênicas, esse agregado poderia assumir a forma do tropeiro, do vendeiro, do sitiante ou ainda simplesmente do "cabra" de confiança, o braço armado e camarada do patrão. O que une todas essas formas concretas é a existência de uma relação pessoal de dependência objetiva que "aparece", para ambos os lados, como se fosse o resultado de um acordo voluntário.

A relação do agregado com o senhor é um vínculo de favor e proteção, como aliás de todas as formas de dominação pessoal que abdicam do uso direto da violência física. O que caracteriza a forma peculiarmente "brasileira" dessa relação tem a ver com a ausência de código explícito e compartilhado por todos, o qual deveria permitir, também, a limitação da amplitude e a profundidade do poder do elemento dominante. Na ausência da ação efetiva de um código moral com algum grau de institucionalização que pudesse constituir uma esfera autônoma de moralidade para além dos meros desejos e ambições pessoais em jogo, o código implícito da relação de favor/proteção tende a assumir traços muito peculiares que são analisados com argúcia e competência por Carvalho Franco. Esse grau de institucionalização, em contextos tradicionais, possui invariavelmente um fundo de religiosidade ética, como vimos ausente em sociedades da "nova periferia" do tipo da brasileira. Além da ausência de um código moral compartilhado, o monopólio da terra e dos fatores de produção, indispensáveis à grande propriedade mercantil, completa o quadro de pressupostos objetivos para dar conta da especificidade dessa forma de dominação entre nós.

---

9 Machado de Assis, Guimarães Rosa e Graciliano Ramos são nomes que me vêm à mente quando penso em mestres da reconstrução narrativa desse personagem que assume, no Brasil, múltiplas formas fenomênicas no ambiente rural e urbano.

A CONSTRUÇÃO SOCIAL DA SUBCIDADANIA

O dependente se relaciona com o proprietário como se fosse seu igual. Como explica um membro da classe dominante citado por Carvalho Franco, "não havia desigualdade entre fazendeiros e sitiantes; havia mesmo amizade. Se um deles chegava a nossa porta, vinha para a mesa almoçar conosco".[10] Por trás dessa igualdade formal, no entanto, se esconde o fato mais fundamental de que a subsistência material do dependente está condicionada à boa vontade do senhor. É ele, afinal, que empresta a terra ao sitiante, que permite (ou não) ao tropeiro o uso de pastagens em suas terras, que apadrinha e protege a prole de seus cabras e agregados. A contraprestação dos favores e proteção, mais uma vez, na ausência de um código moral objetivo, explícito e autônomo que estabeleça obrigações a ambas as partes, adquire a forma de sujeição absoluta. A identificação do dependente com os interesses e desejos do senhor vai ao limite do assassinato a mando,[11] da subordinação dos interesses da própria família[12] e até da perda da própria liberdade,[13] para o atendimento de necessidades e interesses do patrão e protetor.

De interesse nessa relação é a descoberta de mecanismos, opacos à consciência dos envolvidos, que permitem o estabelecimento de tal grau de heteronomia numa relação social entre formalmente iguais. O primeiro aspecto relevado por Carvalho Franco é o fechamento de horizonte de possibilidades dessa população para a compreensão de qualquer relação impessoal. Todo horizonte de significados, no contexto examinado, é sempre redutível a motivos e atributos de sujeitos concretos. Não existe a possibilidade de "abstração valorativa" a fim de permitir o raciocínio em termos de valores universalistas ou impessoais. Estado, lei e autoridade impessoal são conceitos estranhos e literalmente incompreensíveis enquanto tais. Na falta de uma religiosidade de fundo ético que trans-

---

10 Maria Sylvia de Carvalho Franco, *op. cit.*, 1997, p. 84.

11 *Ibidem*, p. 71.

12 *Ibidem*, p. 103. .

13 *Ibidem*, p. 104.

A CONSTITUIÇÃO DO PODER PESSOAL: O DEPENDENTE FORMALMENTE "LIVRE"

mita e institucionalize, em alguma medida, obrigações e mandamentos à ação generalizáveis e universalizantes, o fechamento da imaginação no horizonte do concreto e do imediato se cristaliza de maneira inexorável.

A retribuição de favores ao protetor poderoso adquire a realidade de uma retribuição honrosa que restabelece, na consciência do dependente, algum sentido de bilateralidade e, assim, de alguma forma de autoestima e reconhecimento social. O resultado "aparece" como uma aceitação voluntária da autoridade, percebida, nesse nível de consciência, como consensual e desejável. A "servidão voluntária" do dependente, seria, para Carvalho Franco, ainda mais virulenta que a dominação explícita do escravizado:

> Na propriedade servil, embora o escravo seja transformado em *coisa* e a extinção de sua consciência vá ao limite da autonegação como pessoa, existem marcas violentas que denunciam a opressão que sobre eles pesa e nessa medida possibilitam pelo menos "um vago desejo de liberdade", "uma mera necessidade subjetiva de afirmação que não encontra condições de realizar-se concretamente". Liberdade impossível mas pelo menos desejada, que devolve ao escravo, embora apenas como projeção individual, um sentido de humanidade. Para aquele que se encontra submetido ao domínio pessoal, inexistem marcas objetivadas do sistema de constrições a que sua existência está confinada: seu mundo é formalmente livre. Não é possível a descoberta de que sua vontade está presa à do superior, pois o processo de sujeição tem lugar como se fosse espontâneo. Anulam-se as possibilidades de autoconsciência, visto como se dissolvem na vida social todas as referências a partir das quais ela poderia se constituir. Plenamente desenvolvida, a dominação pessoal transforma aquele que a sofre numa *criatura domesticada*: proteção e benevolência lhe são concedidas em troca de fidelidade e serviços reflexos. Assim, para aquele que está preso ao poder pessoal se define um destino imóvel, que se fecha insensivelmente no conformismo.[14]

---

14 *Ibidem*, p. 95.

A CONSTRUÇÃO SOCIAL DA SUBCIDADANIA

Esse fato é também responsável pela não percepção da dimensão social na qual o senhor de terras era efetivamente também dependente da contraprestação do subordinado: na esfera política. Nessa dimensão, os serviços e a lealdade dos agregados e dependentes eram efetivamente indispensáveis ao senhor. A política era o campo por excelência do exercício da lealdade e da subserviência percebidas sob a refração do manto honroso da "gratidão". Ainda hoje, no Nordeste brasileiro, o único crime que não merece perdão é a "ingratidão", o crime capital do poder pessoal – embora aqui saiamos do horizonte empírico do estudo de Carvalho Franco, cujo ambiente rural é o lugar por excelência da continuidade secular dessa forma de relação social, mas também, ainda que de forma difusa, no meio urbano. De todo modo, Carvalho Franco percebe nessa relação política uma única forma de efetiva dependência mútua, que poderia estimular uma maior probabilidade de que o senhor possa se sentir forçado a cumprir efetivamente suas obrigações. Na sua falta, os compromissos do fazendeiro são frágeis e absolutamente dependentes de seus humores e de sua boa vontade.[15]

No entanto, a dependência objetiva não eliminou a possibilidade real de ascensão social para vários dependentes. Graciliano Ramos, um dos maiores escritores brasileiros, narra em *São Bernardo*[16] a trajetória de um ex-dependente que alcançou, a golpes de esperteza e assassinatos, a condição de senhor de terras e de gente. O fio condutor da belíssima prosa de Graciliano é precisamente o processo de desumanização que a ascensão social exige nesse contexto de insegurança, precariedade e violência. Implica, na realidade, transformar em virtude adaptativa a faculdade de não levar em conta qualquer forma de respeito à alteridade. O "fraco" deve ser explorado e humilhado, para que nunca se esqueça "quem manda"; e o "forte", se for um rival, deve ser "eliminado" antes que possa ter a mesma ideia, ou seja, como um "cuidado preventivo".

---

15 *Ibidem*, p. 91.
16 Graciliano Ramos, *São Bernardo*, 2002.

A CONSTITUIÇÃO DO PODER PESSOAL: O DEPENDENTE FORMALMENTE "LIVRE"

O talento literário de Graciliano deixa claro o drama subjetivo de Paulo Honório, o nome do protagonista do romance, cuja incapacidade de estabelecer laços afetivos o joga no desespero e na solidão. Isso está intimamente relacionado ao drama objetivo de um contexto que só permite a oposição entre "fortes" e "fracos", tiranos e humilhados. A narrativa de Graciliano ajuda também a compreender que a realidade abordada por Carvalho Franco era nacional, assim como a "sombra" da escravidão que a condicionava.

Carvalho Franco supõe, ainda, vias alternativas, conformismo do maior número e ascensão social de uns poucos, ao dependente enquanto indivíduo.[17] Coletivamente, no entanto, a via reformadora e revolucionária partindo de baixo estava fechada, dado o caráter naturalizado, opaco e pré-reflexivo da "servidão voluntária", excetuando-se os movimentos messiânicos episódicos e passageiros. O caminho do dependente, o mais das vezes, foi e é o da submissão, excetuada a explosão eventual e violenta que apenas confirma sua solidão, seu isolamento e desespero.

O aspecto mais interessante das visões do escravizado na escravidão muçulmana, que analisamos com Freyre, e do dependente formalmente livre, analisado por Carvalho Franco, é sua extraordinária contiguidade. Ambos são obrigados, a partir de processos e precondições sociais distintos, a assumir posições quase que intercambiáveis. Aos dois é comum o fechamento do próprio horizonte de percepção dos seus interesses e a subordinação, como se fosse uma eleição advinda de escolha autônoma, aos interesses e desejos do senhor. Ambos formarão a "ralé" dos imprestáveis e inadaptados ao novo sistema impessoal que chega de fora para dentro "como prática institucional" pura, sem o arcabouço ideal que, nas sociedades centrais, foi o estímulo último para o gigantesco processo de homogeneização do tipo humano contingente e improvável, que serve de base à economia emocional burguesa e permite a sua

---

17 Maria Sylvia de Carvalho Franco, *op. cit.*, 1997, p. 111.

A CONSTRUÇÃO SOCIAL DA SUBCIDADANIA

generalização também para as classes subalternas. É apenas quando esse processo é levado a cabo com alguma medida significativa de sucesso que podemos ter a chance de que a lei abstrata que serve de substrato à noção de cidadania seja uma realidade efetiva. Esse será o fio condutor de toda a terceira e última parte deste livro.

7. DO PODER PESSOAL AO PODER IMPESSOAL

**FLORESTAN FERNANDES E A DIMENSÃO MACROSSOCIAL
DA REVOLUÇÃO BURGUESA NO BRASIL**

Vimos que a tradição dominante, seja na dimensão local, seja na dimensão internacional, tende a interpretar o processo de modernização de sociedades da "nova periferia", como a brasileira, como um processo ambíguo, de certa forma comandado pela variável pré-moderna, o que explica seu caráter incompleto e superficial. Desse modo, o personalismo e a égide do poder pessoal continuariam dominantes, quando muito com transformações de escala, como a passagem de um contexto patriarcalista e familista para um contexto patrimonialista comandado pela instância estatal. Corrupção, golpes de Estado, pobreza, tibieza das instituições – todas as mazelas das sociedades periféricas podem assim ser explicadas com um único golpe. Como não me canso de repetir, esse tipo de explicação não é apenas vítima de contradições internas insolúveis, mas impede uma adequada problematização dos "reais" problemas que afligem esse tipo de sociedade. É um tipo de explicação fácil, rente ao senso comum, de onde retira plausibilidade e poder de convencimento, tendo levado a teoria e a prática política dessas sociedades a um beco sem saída.

Apesar de dominante no passado e no presente, o paradigma do personalismo não é, no entanto, o único. Tal paradigma hoje em dia

A CONSTRUÇÃO SOCIAL DA SUBCIDADANIA

está sob a máscara do hibridismo, tão em moda num contexto "politicamente correto", já que tende a confundir palavras de ordem políticas desejáveis com a análise de realidades fáticas. Florestan Fernandes parece-me o autor periférico que mais se aproximou da construção de um paradigma. A partir dele, é possível vislumbrar uma concepção alternativa que permita dar conta dos problemas "modernos" de sociedades modernamente periféricas.

O livro-chave para a discussão desse ponto em Florestan Fernandes é *A revolução burguesa no Brasil*. Seu tema é a implantação e consolidação do capitalismo no país. Fernandes percebe com clareza e agudeza impecáveis que o ponto essencial é a compreensão do "padrão de civilização dominante" a partir da transformação estrutural das formas econômicas, sociais e políticas fundamentais.[1] Para ele, no Brasil pós-independência (1822), esse padrão dominante vai ser o do "mundo ocidental moderno".[2] Não deve ser nos "fatores exóticos e anacrônicos da paisagem",[3] diz o autor, coberto de razão, em que se deve procurar esse padrão, mas nos requisitos estruturais e funcionais do padrão de civilização dominante. É essa sofisticação de análise e percepção que permite superar a análise de aparências e hierarquizar o principal do secundário (mesmo quando este último for o dado mais visível a olho nu!) e que o distancia da corrente de pensamento dominante que percebe a modernização de sociedades periféricas como a brasileira como um fenômeno superficial e epidérmico.

A forma como Florestan Fernandes percebe o aparecimento do burguês no Brasil combina perfeitamente com nossa discussão acerca da anterioridade das "práticas" (institucionais e sociais) em relação às "ideias". O "burguês", entre nós, já surge como uma "realidade especia-

---

1 Florestan Fernandes, *A revolução burguesa no Brasil*, 1978, p. 17.

2 Como vimos, ainda que esquematicamente, este é o engano básico do "hibridismo" aplicado às sociedades da "nova periferia": a não definição da hierarquia que define o princípio estruturante fundamental dessas sociedades.

3 Florestan Fernandes, *op. cit.*, 1978, p. 17.

lizada",[4] ou seja, e agora já na nossa visão, não surge como uma criação espiritual cuja prática inintencional o transforma em agente econômico como na Europa. Não surge, enfim, como produto de toda uma visão de mundo revolucionária da vida social em todas as dimensões, como na Europa, mas como um produto circunscritamente econômico. Um produto econômico que, desde o começo, se constitui como resposta a estímulos econômicos concretos, sem que ocorra, pelo menos a curto e médio prazo, uma abstração dessa circunstância para o contexto social maior. Sem dúvida contribui o fato de que o capitalismo se estabelece entre nós sob sua variante comercial, na medida em que os "agentes comerciais autônomos" tendiam a se converter em assalariados das casas exportadoras ou desaparecer na plebe urbana, não permitindo a constituição de um núcleo de interesses autônomo da manufatura e da indústria.[5]

Para Florestan Fernandes, o fator estrutural fundamental da implantação do capitalismo no Brasil é a independência política, a partir da quebra do pacto colonial e da concomitante estruturação de um Estado nacional. Cita explicitamente a rede de serviços para a constituição de um Estado e o efeito multiplicador para o desenvolvimento de sociedades urbanas. Apesar do empreendimento colonial ter sido, desde sempre, associado ao capitalismo comercial internacional, todo o esquema era montado para drenar as riquezas de dentro (colônia) para fora (metrópole), impossibilitando que a riqueza aqui produzida pudesse dinamizar o mercado interno.[6] Desse modo, o rompimento do estatuto colonial, permitindo que parte maior do produto gerado fosse aplicado internamente, converte-se, para Florestan, no passo inicial, juntamente com a já mencionada expansão do Estado nacional e suas consequências socioeconômicas – novos serviços e funções, homoge-

---

4 *Ibidem*, p. 18.

5 *Ibidem*, p. 48.

6 *Ibidem*, pp. 22-24.

A CONSTRUÇÃO SOCIAL DA SUBCIDADANIA

neização e maior ligação entre diversos mercados regionais etc. – para a singular construção de um capitalismo periférico.

O principal aspecto limitante do tipo de sociedade moderna constituída com o que estamos chamando de anterioridade das práticas institucionais e sociais em relação às ideias e visões de mundo é a impossibilidade de articulação consciente da visão de mundo e do comportamento cotidiano que essas mesmas práticas institucionais e sociais envolvem. Articulação, aqui, significa a capacidade de perceber com clareza precondições e pressupostos imprescindíveis para o desenvolvimento de práticas já mencionadas aqui, assim como o adequado cálculo de consequências inintencionais que essas mesmas práticas envolvem; não são "neutras", como vimos na primeira parte deste livro. Ao contrário, mercado e Estado já reproduzem uma visão de mundo e do ser humano contingente historicamente produzida, que hierarquiza indivíduos e classes sociais de acordo com seus imperativos funcionais. É a partir dessa hierarquia que classificados e desclassificados sociais são produzidos sob uma aparência de naturalidade e neutralidade pela ação de princípios supostamente universais e acima de qualquer discussão, por exemplo, a noção de desempenho diferencial.

Com o avanço da abrangência da lógica de funcionamento dessas práticas institucionais fundamentais, temos, concomitantemente, um aumento da eficácia capilar dos princípios de organização social e de comportamento individual implícitos na ação de práticas institucionais como mercado e Estado. Passa a ser fundamental, para o tipo de sociedade que se constitui sob esse estímulo, o grau de consciência e de autorreflexividade que os atores e grupos sociais envolvidos e imersos no processo possuem de suas virtualidades. Um "déficit" de articulação pode significar não apenas "naturalização da desigualdade", mas também, por exemplo, a ausência de perspectiva de longo prazo e de adequada compreensão da profundidade e abrangência de novos comportamentos e papéis sociais que se desenvolviam. Assim, até a

DO PODER PESSOAL AO PODER IMPESSOAL

derrocada do escravismo (1888) e do império (1889), as novas forças e práticas sociais em ação desde início do século XIX mostram-se ainda sob a lente de distinções e avaliações estamentais da ordem anterior. É precisamente esse déficit de articulação que dá conteúdo à noção de Florestan Fernandes de uma revolução burguesa "encapuçada". Produz-se molecularmente, capilarmente, no pequeno, no dia a dia, nas práticas cotidianas, mas sem a articulação consciente e de longo prazo de uma visão de mundo adequada a seus próprios interesses.

O estatuto do liberalismo entre nós é muito interessante para precisar e, ao mesmo tempo, mediar e limitar o que acabamos de dizer. É que a doutrina liberal se transformará, como Florestan Fernandes percebe com agudeza impecável, no ideário mais adequado para a expressão da visão de mundo e dos interesses da nova sociedade que se formavam a partir das entranhas e da lenta decadência da antiga. O ideário liberal era não apenas *ex post* em relação às práticas das quais passa a ser o porta-voz; boa parte de sua limitação advinha da sua posição "reativa" em relação à antiga ordem dominante, sendo obrigado a lutar dentro do campo de ação demarcado pelo inimigo. Sua posição no debate sobre a abolição da escravidão é sintomática de sua importância e de seus limites. Sua importância e ambiguidade ficam claras a partir do fato de que a pregação liberal antiescravista ao mesmo tempo "disfarçava e exprimia o afã de expandir a ordem social competitiva"[7] ao dirigir-se contra a instituição fundamental da antiga ordem para dar-lhe o golpe de morte definitivo, abrindo caminho para uma reorganização nacional segundo os interesses da economia de mercado. Sua limitação fica clara, entretanto, nos contornos amesquinhados do compromisso final entre as elites, que torna a abolição uma "revolução social de brancos para brancos", leia-se, um compromisso intraelite, inaugurando, a partir daí, um abandono secular de uma "ralé" despreparada para enfrentar as novas condições socioeconômicas.

---

7 *Ibidem*, p. 19.

De qualquer modo, o liberalismo fornece uma espécie de "gramática mínima", que permite explicitar os interesses envolvidos na reelaboração de uma nova agenda sociocultural de uma elite recém-saída da dependência e da menoridade, para o desempenho de papéis exigidos para a inserção no mercado internacional e a gestão de um aparelho estatal nacional autônomo. O liberalismo passa a vigorar como uma ideologia ou visão de mundo galvanizadora e integradora dos novos requisitos estruturais e funcionais, tanto da nova ordem legal[8] quanto também da concepção de mundo que articulava uma nascente esfera pública. O discurso liberal, de certo modo, definia possibilidades e limites da esfera pública que então se formava. Tratar a esfera pública como um dado "psicótico", desvinculada da realidade, uma "ideia fora de lugar", ou atribuir-lhe um caráter meramente epidérmico ou de fachada, como um mero adorno ou "máscara social", parece não fazer perceber a dinâmica social de longo prazo, único modo de dar conta da forma pela qual ideias e concepções de mundo se articulam com interesses sociais concretos.

A gramática mínima do liberalismo permitiu a exploração, ainda que titubeante e incipiente, de todo um universo material e simbólico que, de outro modo, teria permanecido inarticulado. Florestan Fernandes percebe que a sociedade colonial, localista, provinciana e baseada em relações pessoais experimenta por assim dizer um "choque cultural" que a transforma, paulatina mas radicalmente, em uma sociedade nacional com relações de dominação crescentemente impessoais. O liberalismo fornece uma linguagem possível para esse processo de abstração e generalização, permitindo a autocompreensão dos próprios sujeitos imersos no processo. As novas funções estatais de grande porte (fisco, administração centralizada da Justiça, rede de serviços e crédito etc.) completam o quadro de expansão e diferenciação social antes inexistente quando associadas ao aumento da significação econômica do

---

8 *Ibidem*, p. 40.

DO PODER PESSOAL AO PODER IMPESSOAL

comércio. Isso implica, por sua vez, o estímulo às profissões liberais, à imprensa e à diferenciação de ocupações qualificadas.[9]

É essa revolução política da sociedade nacional integrada, ainda que de modo parcial e incompleto, dada a endêmica escassez de recursos, que permitirá a Florestan Fernandes a "silenciosa revolução socioeconômica que constitui o Brasil moderno.[10] A revolução burguesa lenta e molecular, ou seja, a "revolução encapuçada" de que fala Fernandes, é a mais perfeita expressão de um processo de modernização cujas "práticas" institucionais, como Estado e mercado, e suas consequências sociais e psicossociais se impõem quase como realidade material bruta. Se por um lado o ideário *ex post* do liberalismo possibilita a mediação, negociação e legitimação a curto prazo, e no "calor da luta" dos novos papéis sociais permite um "alargamento das esferas psicossociais de percepção da realidade",[11] não logra, por outro lado, realizar, com o alto grau de consciência e intencionalidade que caracteriza os casos europeu e norte-americano, expectativas de longo prazo para a sociedade como um todo. Não houve aqui qualquer preocupação com a "sociedade ordeira"[12] que caracteriza os esforços de organização social das comunidades puritanas nos Estados Unidos, nem a preocupação, primeiro da elite, depois das próprias classes subalternas europeias, com os processos de homogeneização e generalização do tipo de personalidade e de economia emocional burguesa.

Por mais interessante e refinada que seja a análise de Florestan Fernandes do processo de modernização brasileira do século XIX, ela apresenta, ao mesmo tempo, deficiências graves e sintomáticas. Se lhe sobra sensibilidade sociológica para a percepção de fatores estruturais em jogo nesse processo, falta-lhe a consideração da dimensão que

---

9 *Ibidem*, p. 48.

10 *Ibidem*, p. 71.

11 *Ibidem*, p. 58.

12 Charles Taylor, *Modern Social Imaginaries*, 2003, p. 26.

confere a este "sangue e carne", ou seja, dimensão da ação social consubstanciada na tematização de grupos e classes suportes do processo de modernização. Na reconstrução de Florestan Fernandes, esse tema, quando tratado, apresenta inclusive um significativo hiato de sessenta anos entre a consolidação da estrutura estatal, vista por ele próprio como o marco zero do processo de mudança social, e a tematização dos agentes do processo de modernização. Sujeitos da modernização brasileira, para Fernandes, são os fazendeiros do oeste paulista, percebidos como herdeiros dos bandeirantes, e o imigrante italiano, que chega ao Brasil nas últimas décadas do século XIX.[13] Como explicar esse hiato? Por que a desconsideração do processo de modernização que se dá, na realidade, inicialmente no Rio de Janeiro e depois em Salvador e Recife, antes de alcançar, com intensidade inédita, São Paulo?

Essa circunstância, para mim, é sintomática do fato de que sua interpretação alternativa do processo de modernização brasileiro não tenha ainda sido levada em conta, até onde posso saber, pelo menos em toda a sua radicalidade. É que, apesar de ter consciência clara da efetividade do processo de modernização periférico brasileiro, Florestan Fernandes o interpreta segundo o registro teórico da "escola do patrimonialismo" que enfatiza a "excepcionalidade paulista". Segundo essa interpretação, o processo modernizador é endógeno e se localiza em São Paulo, percebido como uma espécie de "Nova Inglaterra tropical", que se contraporia ao resto do país atrasado, personalista e corrupto. O processo-chave para essa construção é a romantização do bandeirante como precursor do fazendeiro do oeste paulista – naquela forma de prestidigitação teórica que transforma o aventureiro em protótipo do capitalista, quando este, na verdade, é o seu contrário especular. A obra do Sérgio Buarque maduro, a interpretação de Raymundo Faoro em *Os donos do poder* e, muito especialmente, o elegante *São Paulo e o Estado nacional*, de Simon Schwartsman, são todos exemplos dessa

---

13 Florestan Fernandes, *op. cit.*, 1978, pp. 121-146.

DO PODER PESSOAL AO PODER IMPESSOAL

influente corrente interpretativa que marcou não só o horizonte teórico nacional mas também o prático-político.[14]

De forma menos explícita, afinal Florestan Fernandes está se referindo a um processo modernizador de proporções nacionais, sua interpretação, ao se concentrar nos grupos envolvidos no rápido processo de modernização paulista a partir do final do século XIX e "esquecer" o processo de "re-europeização" que se dá em outros centros urbanos do Brasil desde 1808, parece jogar água no moinho da variante de interpretação patrimonialista que enfatiza o excepcionalismo paulista. O alto nível de abstração da exposição, causado precisamente pela narrativa de mecanismos estruturais sem uma ênfase concomitante no aspecto da ação social, reforça essa possibilidade de interpretação. É por conta desses elementos não considerados adequadamente em sua análise que julgo, para efeitos de uma correta exposição do que me parece ser um caso típico de "modernização exógena", de fora para dentro, a exposição de Florestan Fernandes deve ser complementada com a interpretação de Gilberto Freyre acerca do processo de "re-europeização" que toma o país de assalto desde inícios do século XIX.

GILBERTO FREYRE E A DIMENSÃO MICROSSOCIAL DA VIDA COTIDIANA

O tema de *Sobrados e mucambos*, esse belo "romance sociológico" da vida urbana brasileira da primeira metade do século XIX, sob impacto da "re-europeização", é a lenta decadência da cultura patriarcal rural brasileira a partir do desenvolvimento das cidades e da cultura urbana. Diferentemente de Florestan Fernandes, que localiza o ponto de inflexão da mudança em 1822, com a independência e a constituição de um Estado nacional autônomo, Freyre o antecipa em alguns anos. Afinal, 1808 é um ano prenhe de acontecimentos de larga repercussão, como

---

14 Para uma excelente análise dessa relação entre ideias e projetos políticos, ver Luiz Werneck Vianna, *Weber e a interpretação do Brasil*, 1998.

A CONSTRUÇÃO SOCIAL DA SUBCIDADANIA

a vinda da família real portuguesa, que fugia das guerras napoleônicas, e a abertura dos portos, no mesmo ano, eliminando o monopólio comercial da metrópole.

Esses dois acontecimentos como que ilustram, a meu ver, a entrada, no contexto de uma sociedade até então extremamente primitiva material e simbolicamente, das duas práticas institucionais mais fundamentais e importantes do mundo moderno: Estado e mercado. Afinal, a vinda da família real, acompanhada de milhares de funcionários do rei e por parte expressiva do meio circulante português,[15] significará, para além do aspecto pragmático do maior controle fiscal e político sobre a colônia, também uma primeira forma, inédita até então, de introdução de uma série de melhoramentos sociais e apoio e estímulo à produção e serviços no Brasil. A abertura dos portos acarretou não só aumento da troca de mercadorias, mas também a entrada de agentes comerciais, vendedores, manufatureiros, mecânicos e viajantes europeus, especialmente ingleses, em quantidade significativa a ponto de mudar a paisagem humana de cidades como o Rio de Janeiro. Boa parte da história que Freyre nos conta em seu livro deve-se ao impacto dessas duas inovações principais.

A chegada de d. João VI, simbolizando o maior peso do Estado na vida da colônia, implica uma nova orientação da vida política e social na direção de maior proteção dos interesses urbanos em desfavor dos interesses rurais antes todo-poderosos, de tal modo que, lenta mas seguramente, a cidade tende a se afirmar contra o engenho e o potentado rural, e o Estado contra a família patriarcal.[16] A figura do intermediário, do comerciante, do financista, do emprestador de dinheiro a juros, começa a ganhar importância, ameaçando e minando paulatinamente as bases do poder do senhor de terras e de gente. Se aqui a mercanti-

---

15 Uma exposição excelente do impacto modernizante da vinda da corte portuguesa ao Brasil encontra-se em Oliveira Lima, *D. João VI no Brasil*, 1996.

16 Gilberto Freyre, *Sobrados e mucambos*, 1990b, p. 18.

DO PODER PESSOAL AO PODER IMPESSOAL

lização crescente da vida econômica passa a ameaçar os fundamentos estamentais da base socioeconômica do patriarcalismo, a entrada do Estado e de seus agentes, ainda que ambiguamente e sob o peso de compromissos constantes, completa o quadro de substituição paulatina e capilar do poder pessoal e familiar pelas instituições impessoais recém-importadas. Sem dúvida, a forte interpenetração de interesses urbanos e rurais, tanto no plano econômico quanto no político, fez com que a subordinação dos interesses familistas se desse por etapas, negociações e regressões eventuais. Essa subordinação apenas se torna visível ante uma perspectiva de longa duração. A direção geral de menos patriarcalismo e mais individualismo é evidente e insofismável.[17]

A lenta superação do personalismo e do familismo deu-se tanto no espaço privado quanto no público. No espaço privado, foram as relações do patriarca com sua própria família que tenderam a mudar radicalmente. A mudança da relação com a mulher é particularmente significativa. No contexto do patriarcalismo meio "árabe", meio poligâmico brasileiro, a desvalorização da figura da mulher tendia a assumir formas extremas.[18] A figura da mulher era percebida como o contrário especular da do homem – como diz Freyre, "o sexo frágil e belo, mais frágil do que belo",[19] de modo a diferenciá-la da agilidade e do vigor masculinos. Para Freyre, a distância e a animosidade entre os sexos não permitiam simpatia feminina pelo trabalho ou pela pessoa do homem, desenvolvendo formas pessoais e intelectuais narcísicas e monossexuais próximas da morbidez. Freyre percebe, com clareza psicanalítica, o desejo dissimulado de afastar a competição e o fascínio da mulher e

---

17 *Ibidem*, p. 22.

18 Não nos esqueçamos de que a escravidão sexual de tipo muçulmano, praticada de forma mitigada no patriarcalismo brasileiro, tende a desvalorizar não apenas as mulheres escravizadas, mas, por uma extensão social e psíquica, todas as mulheres. Para os olhos de um ocidental, a insuportável subordinação da mulher nos países árabes certamente tem sua origem histórica nessas práticas.

19 Gilberto Freyre, *op. cit.*, 1990b, p. 93.

A CONSTRUÇÃO SOCIAL DA SUBCIDADANIA

de dominá-la completamente (medo e controle). Viajantes europeus reportavam, escandalizados, os hábitos de senhores que mandavam suas mulheres para o manicômio de modo a poder viver em paz com suas amantes.[20] Saint-Hilaire reporta, em alguma parte de seus relatos de viagem ao interior do Brasil, como o espantava o fato de não ver ou conversar com mulheres, quando de visita em casa de algum brasileiro. Elas literalmente *fugiam* dos visitantes. A mutilação social e moral da mulher legitimava o duplo padrão de moralidade: todas as *liberdades* ao homem; todas as *obrigações* à mulher.

Mas também nesse campo os fatores impessoais da vida urbana e moderna levaram a uma modificação importante nos padrões da relação entre os sexos. A entrada em cena, em especial, das figuras sociais do médico de família, que substitui o confessor; o diretor de colégio; o juiz – estes representam, no fundo, a nova presença de instituições que passam a mediar as relações puramente pessoais no ambiente familiar, mitigando e limitando a importância patriarcal e implicando considerável ganho de liberdades de movimento às mulheres, elevando-as jurídica e moralmente.[21] Já no final do século XIX, como afirma Freyre em *Ordem e progresso*, o livro que fecha a trilogia iniciada com *Casa-grande e senzala* e continuada por *Sobrados e mucambos* acerca da ascensão e queda do patriarcalismo no Brasil, temos a entronização do amor romântico, independentemente da classe e situação econômica dos amantes, como a forma dominante e legítima de consórcio entre os sexos,[22] o que comprova a penetração dos ideais individualistas no cotidiano.

Mas a grande derrota do personalismo patriarcal dentro de casa não se deu em relação à mulher do patriarca, mas em relação ao seu filho. No contexto patriarcal tradicional, a distância entre o *homem* e

---

20 *Ibidem*, p. 126.
21 *Ibidem*, p. 122.
22 *Idem, Ordem e progresso*, 1990a, p. CLVII.

o *menino* é imensa. O patriarca, como autoridade praticamente absoluta, tinha até o direito de morte sobre seus filhos.[23] A educação dos mais novos tinha, muitas vezes, requintes de sadismo.[24] Com a entrada em cena especialmente do Estado, com suas novas necessidades e seus imperativos funcionais, essa situação muda radicalmente. O Estado, e em menor grau as atividades ligadas ao comércio urbano, mina o poder pessoal pelo alto, penetrando na própria casa do senhor, "roubando-lhe" os filhos e transformando-os em seus "rivais".

É que as novas necessidades estatais por burocratas, juízes, fiscais, juristas etc., todas indispensáveis para as novas funções do Estado, podem ser mais bem exercidas pelo conhecimento que os jovens adquirem na escola, especialmente europeia, o que lhes conferia ainda mais prestígio. Com isso, o antigo conhecimento baseado na experiência, típico das gerações mais velhas, foi rapidamente desvalorizado, num processo que, pelo seu exagero, é típico de épocas de transição como aquela. D. Pedro II é uma figura emblemática nesse processo. Sendo ele próprio um imperador jovem, cercou-se de seus iguais, ajudando a criar o que Joaquim Nabuco chamaria de "neocracia".[25] O fato é que a presidência de províncias e os papéis de juízes e conselheiros, dos grandes aos pequenos cargos do novo aparelho estatal, passam a ser conferidos, prioritariamente, aos jovens com diploma.

Mas foi no espaço público que as novas mudanças se mostraram com mais ênfase. A época de transição do poder político, econômico e cultural do campo para a cidade foi também, em vários sentidos, a época do campo *na* cidade. De início, o privatismo e o personalismo rural foram transpostos, tal qual eram exercidos no campo, para a cidade. A metáfora da *casa* e da *rua* em Freyre assim o atesta. O "sobrado", a casa do senhor rural na cidade, é uma espécie de prolongamento material

---

23 *Idem, op. cit.*, 1990b, p. 69.

24 *Ibidem*, p. 70-71.

25 *Ibidem*, p. 88.

A CONSTRUÇÃO SOCIAL DA SUBCIDADANIA

de sua personalidade. Sua relação com a rua, essa espécie arquetípica e primitiva de espaço público, é de desprezo; a rua é o lixo da casa, representa o perigo, o escuro; era simplesmente a "não casa", uma ausência. O "sadomasoquismo" socialmente condicionado pela inexistência de instituições intermediárias e pela ausência de códigos morais consensuais, algo típico do complexo rural "casa-grande e senzala", muda, inicialmente, apenas de "habitação". No entanto, aquilo que o determina como conceito para Gilberto Freyre, que é seu conteúdo, ou seja, o *seu visceral não reconhecimento da alteridade*, ainda permanece.

A passagem do sistema "casa-grande e senzala" para o sistema "sobrado e mucambo" fragmenta, estilhaça em mil pedaços, uma unidade antes orgânica. Esses fragmentos espalham-se agora por toda parte, completando-se mal e acentuando conflitos e oposições. Da casa-grande e da senzala, depois aos sobrados e mucambos, e, talvez, hoje em dia, aos bairros burgueses e favelas, as acomodações e complementaridades ficam cada vez mais raras. De início, a cidade não representou mais do que o prolongamento da desbragada incúria dos interesses públicos em favor dos particulares. O abastecimento de víveres, por exemplo, foi um problema especialmente delicado, sendo permitido, inclusive, o controle abusivo dos proprietários até sobre as praias e dos viveiros de peixes que nelas se encontravam, sendo vendidos depois a preços oligopolísticos.[26]

A "re-europeização" teve, nesse contexto primitivo, um caráter de reconquista ocidentalizante, e de transformação profunda não só de hábitos, costumes e mores, mas também de introdução de valores, normas, formas de comportamento e de novos estilos de vida destinados a se constituir em critérios revolucionários de classificação e desclassificação social. O que foi introduzido aqui a partir de 1808 foi todo um novo mundo material e simbólico, implicando a repentina valorização de elementos ocidentais e individualistas em nossa cultura

---

26 *Ibidem*, p. 171-177.

DO PODER PESSOAL AO PODER IMPESSOAL

a partir da influência de uma Europa, agora já francamente burguesa, nos exemplos de França, Alemanha, Itália e, muito especialmente, da grande potência imperial e industrial da época, a Inglaterra.

Tal processo realizou-se como uma grande revolução de cima para baixo, envolvendo todos os estratos sociais, mudando a posição e o prestígio relativo de cada um desses grupos, e acrescentando novos elementos de diferenciação. São esses novos valores burgueses e individualistas que se tornarão o núcleo da ideia de "modernidade" como princípio ideologicamente hegemônico da sociedade brasileira a partir de então. No estilo de vida, e aí Freyre chama atenção para a influência decisiva dos interesses comerciais e industriais do imperialismo inglês, houve a mudança de hábitos, da arquitetura das casas, do jeito de vestir e das cores da moda, algumas vezes com o exagero do uso de tecidos grossos e impróprios ao clima tropical. Bebia-se agora cerveja e comia-se pão como um inglês, e tudo que era português ou oriental transformou-se em sinal de mau gosto.[27] O caráter absoluto dessas novas distinções tornou o brasileiro de então, inclusive, presa fácil da esperteza de europeus que vendiam gato por lebre.

No entanto, nenhuma dessas mudanças importantes teve o impacto da entrada em cena no nosso país do elemento burguês democratizante por excelência: *o conhecimento e, com ele, a valorização do talento individual*, que tanto o novo mercado por artífices especializados como as novas funções estatais exigiam. *O conhecimento, a perícia, passa a ser o novo elemento a contar de forma crescente na definição da nova hierarquia social*, servindo de base para a introdução de um elemento efetivamente democratizante, e pondo de ponta-cabeça e redefinindo revolucionariamente a questão do status inicial para as oportunidades de mobilidade social na nova sociedade. Essa "democratização" tinha como suporte, para Freyre, o mulato habilidoso. Do lado do mercado, essas transformações se operam segundo uma lógica de "baixo para

---

27 *Ibidem*, p. 336.

A CONSTRUÇÃO SOCIAL DA SUBCIDADANIA

cima", ou seja, pela ascensão social de elementos novos em funções manuais, as quais, sendo o interdito social absoluto em todas as sociedades escravocratas, não eram percebidas pelos brancos como dignificantes. Do lado do Estado, a mesma lógica se reproduzia a partir da generalização da figura do "mulato bacharel",[28] alguns ocupando os mais altos cargos do império.

Ao desvalorizar as duas posições sociais polares que marcam a sociedade escravocrata, o "capital cultural"[29] requerido para o desempenho dos imperativos funcionais de um incipiente mercado e Estado vinha valorizar, por conta disso, precisamente aquele elemento médio, que sempre havia composto uma espécie de estrato intermediário na antiga sociedade, onde, não sendo nem senhor nem exatamente um escravizado, era um "deslocado", um "sem-lugar", portanto. Na nova sociedade nascente, na visão de Freyre, são as antigas posições polares que perdem peso relativo, e esses indivíduos, quase sempre mestiços, sem outra fonte de riqueza que não sua habilidade e disposição de aprender os novos ofícios mecânicos, quase sempre como aprendizes de mestres e artesãos europeus, passaram a formar o elemento mais tipicamente burguês daquela sociedade em mudança: o elemento médio, sob a forma de uma "meia-raça".

Há que se perceber *cum grano salis* essa ênfase de Freyre no "mulato habilidoso" como "suporte social" por excelência da nova visão de mundo material e simbólica que se formava entre nós. Afinal, o "mulato" e sua ascensão seriam, para ele, uma espécie de comprovação empírica de sua tese do Brasil como paradigma da "mestiçagem" e da cultura "democraticamente híbrida", algo de certo modo corporificado no

---

28 Uma biografia que se enquadra perfeitamente neste contexto é a de Rebouças pai, advogado e deputado da causa da ampliação dos direitos civis no Brasil da primeira metade do século XIX. *Ver* Keyla Grinberg, *O fiador dos brasileiros*, 2002.

29 O efetivo impacto democratizante do capitalismo parece estar associado à generalização daquilo que, em sociedades tradicionais, era monopólio guardado a sete chaves pelas classes dominantes: o saber e o conhecimento.

DO PODER PESSOAL AO PODER IMPESSOAL

próprio "tipo físico". De qualquer modo, é inegável a ascensão social de mulatos e de pessoas antes desclassificadas, *e de qualquer cor*,[30] a partir de decadência progressiva dos critérios adscritivos de classificação social em favor de critérios agora baseados, crescentemente, na valorização burguesa e capitalista do mérito e desempenho pessoal.

Gilberto Freyre, certamente sem o refinamento sociológico e teórico de Florestan Fernandes para perceber toda a profundidade da relação entre estrutura e agente envolvida na processo de modernização, apresenta, por outro lado, qualidades que faltam à análise de Florestan Fernandes, na medida em que, paradoxalmente, ao descrever um processo exógeno de modernização que vira toda uma sociedade de ponta-cabeça, continua, não obstante, percebendo-a como uma continuidade cultural portuguesa.

Em Freyre, temos uma recuperação, reforçada por seu notável talento narrativo, precisamente dos aspectos que, no nível de abstração de uma análise como a de Florestan, são facilmente secundarizados, como a alteração progressiva e capilar dos princípios e estilos de vida que guiam a vida cotidiana dos mais diferentes estratos e grupos sociais em todas as dimensões, assim como a identificação de grupos-chaves cujos interesses materiais e ideais mais se identificavam com o processo em curso e que serviam de suporte material para sua disseminação progressiva. É por secundarizar esse aspecto da ação social, portanto, que Florestan pode produzir um hiato de sessenta anos entre o fenômeno, que a seu ver foi o catalizador principal da mudança, e a identificação dos grupos suportes do mesmo. A consideração combinada da visão desses dois grandes pensadores, talvez os dois maiores que o Brasil já

---

30 O caso de Mauá, um garoto branco do Rio Grande do Sul mandado ao Rio de Janeiro para trabalhar como caixeiro de um português, é, nesse sentido, um destino clássico – que Freyre pinta com detalhes picantes bem ao seu gosto – e nada excepcional. Mauá se tornaria, mais tarde, por algum tempo, o homem mais rico do império, dono de bancos, ferrovias e indústrias.

produziu, pode, aos meus olhos, desde que superadas suas unilateralidades recíprocas, nos propiciar uma adequada visão do período.

A partir de 1808, temos no Brasil um exemplo típico do que venho chamando de processo modernizador da "nova periferia", ou seja, sociedades que são formadas, *pelo menos enquanto sociedades complexas*, precisamente pelo influxo do crescimento – não da mera expansão do capitalismo comercial, como no período colonial, que deixa intocadas estruturas tradicionais e personalistas – do capitalismo industrial europeu a partir da transferência de suas práticas institucionais impessoais enquanto "artefatos prontos", como diria Max Weber. Para uma sociologia que não se deixe cegar pela ilusão da "ideologia espontânea do capitalismo", ou seja, em outras palavras, pelo discurso mudo da suposta neutralidade e universalidade que essas práticas institucionais "sugerem" sobre si mesmas, essas práticas institucionais contam com toda uma concepção de mundo contingente e historicamente constituída. São corporificadas de forma opaca e intransparente, impondo-se a partir de castigos e prêmios empíricos que funcionam como estímulo para a persecução, por parte dos atores dos seus imperativos funcionais, como padrão de comportamento social legítimo para toda a sociedade.

É essa nova e contingente visão de mundo (do mundo social, natural e subjetivo) que passa a guiar a percepção e a construção de novos estilos e condutas de vida numa sociedade que, antes – e aqui a diferença essencial em relação às "grandes civilizações mundiais" da velha periferia analisadas por Max Weber –, era perpassada por uma cultura material e simbólica, rasteira e primitiva. Sem dúvida permanece a questão da "esquematização" específica, no sentido tayloriano, dos influxos modernizantes a partir da cultura material e simbólica antes existente. Esse impacto me parece, no entanto, ser infinitamente menor em todas as esferas sociais, não só em relação às sociedades axiais da "velha periferia", mas especialmente em relação às sociedades ocidentais centrais. Acredito que essas influências se concentrem nos estratos subalternos não europeizados, e mesmo nestes, mediados, agora, por mecanismos especificamente modernos de "naturalização da desigualdade". A especificidade do processo de modernização de sociedade da "nova periferia" como a brasileira tem a ver, para mim, antes com "ausência" do que "presença" de uma tradição moral ou religiosa que pudesse, efetivamente, "esquematizar" o impacto modernizante das práticas institucionais transplantadas como "artefatos prontos". Suas consequências são imensas, mas serão precisamente o fio condutor da parte final deste livro.

Por enquanto, vale ainda lembrar que o processo modernizador não se dá, obviamente, do dia para noite, nem de forma homogênea em todas as regiões. Se do Rio de Janeiro, cidade que recebeu maior impacto modernizador na primeira metade do século XIX, Freyre afirma, como já vimos, que em 1840 tudo burguesamente europeu já era percebido como "absolutamente bom", e tudo que era português e colonial, "absolutamente de mau gosto", nas regiões do interior esse impacto foi, inicialmente, bem menor. Na verdade, o processo de modernização instaura uma dualidade marcada pelo impacto diferencial, nas diversas regiões, do influxo modernizante. A vitória definitiva do processo de modernização periférico brasileiro vai exigir não mais apenas o influxo exógeno, de "fora para dentro", mas também, como resultado de lento processo de conscientização e luta política, um influxo endógeno de "dentro para fora", ou seja, a formulação consciente e refletida de um projeto modernizador autônomo e nacional. Esse é o tema do nosso próximo capítulo.

8. A REVOLUÇÃO DE 1930 E A FORMULAÇÃO DE UM PROJETO MODERNIZADOR AUTÔNOMO E NACIONAL

Liberalismo e sindicato no Brasil, obra clássica de Luiz Werneck Vianna, apresenta, sob o ponto de vista analítico, uma notável continuidade com a reflexão desenvolvida por Florestan Fernandes na primeira parte de *A revolução burguesa no Brasil.* Não apenas ambos os autores percebem o processo modernizador brasileiro como uma "revolução encapuçada" ou uma "revolução passiva", como prefere Werneck Vianna – o que de resto se acopla, perfeitamente, à tese da anterioridade das práticas institucionais e sociais em relação às ideias que estamos propondo, neste livro, para o processo modernizador periférico brasileiro como um todo –, mas a própria reflexão de Vianna permite, também, uma interessante discussão acerca de possibilidades e limites do liberalismo como a ideologia da expansão da ordem burguesa no Brasil.

Como vimos, ainda sobre a exposição acerca de Florestan Fernandes, o liberalismo se constituiu uma espécie de "língua comum", que permitia, no contexto intraelites onde se deu a expansão negociada da ordem burguesa, uma legitimação, ainda que de curto prazo e reduzida às parcelas privilegiadas da população, das demandas por respeito a contratos, instituição de uma ordem legal autônoma, uma estrutura representativa, ainda que extremamente restritiva etc.

No final do século XIX e começo do século XX era precisamente essa a ordem elitista e restritiva fundada e legitimada pelo discurso liberal, que se encontrava em crise. Se desde a primeira metade do século

A CONSTRUÇÃO SOCIAL DA SUBCIDADANIA

XIX o liberalismo havia fornecido a "gramática mínima" para o acordo negociado intraelites para a expansão gradual da ordem burguesa – não nos esqueçamos também de que essa ordem era fundamental para as transações internacionais baseadas em contratos –, no limiar do século seguinte, esse arranjo elitista começou a ser amplamente criticado e ameaçado. Na base da leitura de Werneck Vianna sobre o turbulento período pré-revolucionário está a certeza de que o arranjo liberal chega ao fim de suas virtualidades renovadoras. O liberalismo formalista puro era agora associado não mais à expansão da ordem legal e impessoal, mas à conservadora elite agrária exportadora de produtos primários no poder econômico e político, e se associava, no plano da lógica da dominação política, a uma estrutura federalista descentralizada que permitia a alternância da elite de alguns poucos Estados mais ricos no poder.[1]

No entanto, os limites da dominação liberal/federalista, sob comando dos setores agroexportadores, havia muito revelavam suas fragilidades. As pressões democratizantes vinham tanto de "baixo", a partir das constantes agitações operárias urbanas, quanto do "meio", pela intensa agitação e pelo descontentamento dos chamados "setores médios", compostos basicamente pelas novas camadas urbanas, formadas a partir da expansão de Estado e mercado, além dos militares, cada vez mais envolvidos na política. Esses setores médios já haviam celebrado uma união explícita a partir de 1921 – simbolicamente o discurso de Rui Barbosa, líder da oposição civil, na posse de Hermes da Fonseca, líder da oposição militar[2] –, enlaçando as duas vertentes da oposição. Mas não eram apenas as novas forças sociais ascendentes (ao que se junta aqui uma incipiente burguesia industrial), ainda relativamente impotentes politicamente, que não estavam satisfeitas com o arranjo dominante. Também os setores agrários ligados ao mercado interno se encontravam

---

1 Luiz Werneck Vianna, *Liberalismo e sindicato no Brasil,* 1999, p. 133.
2 *Ibidem,* p. 137.

178

marginalizados do jogo político pela concepção excludente do federalismo presidido pelos setores agroexportadores. De certo modo, foi a própria revitalização social, ainda que dentro de limites econômicos e políticos rígidos, fruto da expansão do setor exportador, que liberou forças impossíveis de controlar dentro de camisa de força política e socialmente tão excludente. Com a crise aberta pela eleição de 1930, a oligarquia dissidente assumiu a predominância política do movimento reformador, constituindo-se numa primeira revolução brasileira que partiu da periferia para o centro do sistema, como assinala Werneck Vianna. Contando com esse aliado "de cima", a agitação urbana passa a possuir, agora, um canal adequado de expressão.

Werneck Vianna se propõe uma questão fundamental nesse contexto: sendo apropriado por uma elite tradicional oligárquica, por que o Estado reformador se encaminhará no sentido de propor um projeto modernizador?[3] Isso se explica dado que, no contexto da heterogênea "aliança liberal" que ascende ao poder, os pontos convergentes eram representados pelas demandas por diversificação do aparato produtivo e pela ampliação do sistema de participação política. A diversificação econômica buscava reestruturar o frágil e tênue efeito multiplicador da economia fundada no esforço agroexportador, no sentido de fortalecer o mercado interno e ampliar as bases da atuação estatal. A questão passa a ser elevar a reprodução de mercado e Estado a um novo patamar, de tal modo que pudesse permitir a participação tanto econômica quanto política dos setores até então marginalizados. Assim sendo, apesar da não participação efetiva da incipiente burguesia industrial na revolução, essa nova constelação de interesses explica por que o Estado passa a enveredar conscientemente no caminho da modernização e da industrialização.

É precisamente a partir dessa configuração de interesses específica que Werneck Vianna constrói sua tese do "caminho prussiano" da modernização brasileira. Os nossos *"junkers"* caboclos viriam de

---

3 *Ibidem*, p. 148.

A CONSTRUÇÃO SOCIAL DA SUBCIDADANIA

representações políticas de regiões dominadas pelo latifúndio, o que implicaria a preservação do monopólio da terra, a inviabilização da reforma agrária e a exclusão dos trabalhadores rurais dos benefícios sociais e trabalhistas.[4] Ao mesmo tempo, essa elite tradicionalista, pela sua associação com os setores urbanos emergentes, permitiu ao novo Estado que se formaria uma dimensão universalizadora incomparavelmente mais abrangente que a anterior, e abriu espaço para que pudesse elevar consideravelmente, a partir de um gigantesco e bem-sucedido esforço de modernização, as bases materiais do capitalismo e do mercado interno brasileiro.

Politicamente, portanto, a "saída prussiana" implica a permanência de relações primitivas nas regiões atrasadas (especialmente Norte/Nordeste) e inibição de demandas mais plurais e abrangentes expressas na esfera pública da Primeira República.[5] Desse modo, a ênfase na negação do conflito, típica para todo o período inaugurado em 1930, aparece como o alfa e ômega tanto da ação efetiva quanto da ideologia do novo Estado que se constitui. Em oposição ao liberalismo formalista anterior, teremos agora o que Werneck Vianna chama de "unitarismo organicista":[6] uma ideologia política que tem aversão a qualquer forma de interesse que se revele particular. O corporativismo será o sistema ideal para um Estado que conjuga uma dimensão consensual para as frações das classes dominantes e dos setores médios urbanos ascendentes, com uma dimensão repressiva em relação às classes subalternas, mitigadas por concessões reais e por uma extremamente bem-sucedida ideologia que enfatiza organicidade, unidade e grandeza nacional.

Ao contrário da tese de que a ordem corporativa implica um pacto com as classes subalternas, Werneck Vianna insiste na presença de uma estratégia desmobilizadora e repressora no período pré-1935, e

---

4 *Ibidem*, p. 171.

5 *Ibidem*, p. 172.

6 *Ibidem*, p. 159.

manipuladora e cooptadora a partir de então. Afinal, para "assumir" a representação das classes subalternas, o corporativismo tem que acabar primeiramente com suas organizações e lideranças independentes.[7] Rebaixado ao status de uma entidade de cooperação técnica do Estado, a sindicalização facultativa passa a ser estimulada e adquirir, na prática, caráter compulsório, na medida em que uma série de direitos previdenciários e trabalhistas é associada à sindicalização efetiva.[8] A estrutura corporativa do Estado, antes destinada a abranger tanto trabalhadores quanto empresários na sua disciplina, termina por converter-se em um Estado autoritário modernizante. Os empresários não se submeterão às veleidades da burocracia corporativa, o que os torna, por fim, o único "agente livre" do mercado. Os empresários legitimam o componente autoritário e repressivo do Estado e repudiam o corporativo,[9] e se rebelam, ainda, contra as leis protetivas aos trabalhadores. Os empresários da indústria, que não fizeram "politicamente" a revolução, logo perceberam, no entanto, que o novo caminho seguido pela sociedade os tornava a fração dominante entre as classes dirigentes. Afinal, o seu progresso representava o progresso de todos, pelo fortalecimento do mercado interno, o fundamento mesmo do novo pacto federativo.[10] Aceitas suas pretensões hegemônicas, abre-se caminho para um compromisso a partir da aceitação da legislação social.

---

7 *Ibidem,* pp. 179-185.

8 *Ibidem,* p. 186.

9 *Ibidem,* p. 259.

10 *Ibidem,* p. 262.

PARTE III

A construção social da subcidadania

9. O PROCESSO DE MODERNIZAÇÃO PERIFÉRICA E A CONSTITUIÇÃO DE UMA "RALÉ" ESTRUTURAL

O Estado autoritário e modernizador, que se consolida a partir de 1930, não inicia o processo de modernização brasileiro – este tem início já em 1808 –, mas o põe efetivamente em outro patamar. A partir dele, o processo de modernização brasileiro passa a ser comandado não mais pelo surto urbanizador e comercial, como no século XIX, mas, agora, pela industrialização. Também a partir dele a estrutura transicional que articulava um setor moderno, especialmente nas cidades, e um setor tradicional, especialmente no campo, tende agora a refletir a crescente hegemonia do primeiro na dimensão nacional. A indústria passa a ser, no contexto da política de substituição de importações, o principal fator dinâmico do crescimento econômico. O Estado reformador de 1930 lança as bases dessa profunda transformação econômica pela ênfase nas indústrias de base – como siderurgia e petróleo – e pela construção da infraestrutura para um crescimento capitalista em grande escala. No plano político, alarga-se a ínfima base participativa antes existente, ainda que em bases democráticas, apenas a partir de 1946, de modo a incluir os setores médios urbanos, um dos maiores beneficiários do novo modelo de desenvolvimento, e os trabalhadores urbanos, ainda que sob bases corporativas, repressivas e desmobilizadoras. No plano econômico, esse novo modelo de desenvolvimento vai perdurar até os anos 1980, quando entra em crise, assegurando, nesses cinquenta anos, taxas contínuas de crescimento econômico capazes de transformar um dos países mais atrasados do globo, em 1930, na oitava maior econo-

A CONSTRUÇÃO SOCIAL DA SUBCIDADANIA

mia do mundo, ao final do processo, no limiar dos anos 1980. Embora alternando períodos de democracia formal plena e autoritarismo, a expansão dos horizontes da participação política teve precisamente na expressão autônoma dos trabalhadores, até o limiar dos anos 1980, com a entrada em cena do Partido dos Trabalhadores (PT), hoje no poder, seu limite e sua condição de existência.

Mas é com relação ao tema-guia deste livro – a formação de um padrão especificamente periférico de cidadania e subcidadania – que o novo período instaura um novo padrão de institucionalização. Talvez a mais famosa e mais feliz denominação, para a nova forma de expansão controlada de "cima" do padrão de cidadania que se descortina a partir das novas condições sociais, seja o conceito de "cidadania regulada", de Wanderley Guilherme dos Santos.[1] Essa cidadania regulada é a resultante da vinculação entre cidadania e ocupação profissional, vinculação que restringe o acesso aos direitos sociais do cidadão – direitos trabalhistas, previdenciários etc. – apenas àqueles cujo lugar na produção é reconhecido pelo Estado, excluindo todos os não reconhecidos pela lei. Como descrição do processo pelo qual se deu a formalização das relações de trabalho e proteção estatal na modernização brasileira, a definição é perfeita.

Tal definição não nos permite, no entanto, numa dimensão mais analítica, o acesso compreensivo aos mecanismos sociais objetivos e opacos que comandam a produção desse padrão de classificação e desclassificação social. Não nos esclarece também as precondições sociais vigentes numa sociedade periférica como a brasileira, que permitem um padrão extremamente peculiar não mais de cidadania, mas sim de *subcidadania*. Quais são os fatores objetivos em jogo, no contexto periférico, que decidem sobre a classificação social de alguns e sobre a desclassificação social de outros? Como se dá o ancoramento insti-

---

1 Wanderley Guilherme dos Santos, *Décadas de espanto e uma apologia democrática*, 1998, pp. 98-109.

tucional desses princípios? O que decide acerca de sua lógica de longo prazo? Que elementos e dimensões sociais se articulam complexamente para produzir *este resultado*? Estou convencido de que uma resposta adequada a essas perguntas exige, além da perspectiva subjetivista da análise política, a consideração concomitante de uma perspectiva que também considere alguns aspectos estruturais. Quais são as variáveis de longo prazo envolvidas no tipo de modernização periférico exógeno, como o brasileiro, que não possibilitaram a homogeneização e a generalização das precondições, que, em outras sociedades, levaram a uma efetiva ampliação da cidadania, com todos os seus atributos políticos, econômicos e morais? Quais fatores contribuem para a permanência, até hoje, desse mesmo padrão? Como se explica a permanência (a grande questão teórica e prática em toda essa problemática) de um contexto, em sociedades periféricas como a brasileira, que *naturaliza a desigualdade*?

São essas as questões que serão examinadas nesta terceira e última parte. Vamos iniciar a discussão com a análise de uma obra de Florestan Fernandes que, a meu ver, consegue estabelecer a questão decisiva em pauta – ainda que a resposta final seja insatisfatória. Trata-se de *Integração do negro na sociedade de classes*, onde Florestan Fernandes se predispõe a empreender uma análise de como o "povo" emerge na história brasileira. A concentração no negro e no mulato se legitima, nesse contexto maior da empreitada teórica, posto que foram esses grupos que tiveram "o pior ponto de partida"[2] na transição da ordem escravocrata à competitiva. Desse modo, a reflexão de Fernandes pode ser ampliada para abranger também os estratos despossuídos e os dependentes em geral e de qualquer cor, na medida em que o único elemento que os diferenciava de negros e mulatos era o *"handicap"* adicional do racismo. (Já vimos aqui as razões objetivas que permitem essa assimilação para o período colonial.)

---

2 Florestan Fernandes, *A integração do negro na sociedade de classes*, 1978, p. 9.

A CONSTRUÇÃO SOCIAL DA SUBCIDADANIA

O período abordado por Florestan Fernandes vai de 1880 a 1960, o que dá uma ideia da amplitude do alentado estudo, cujo horizonte empírico concentra-se na cidade de São Paulo, permitindo observar as dificuldades de adaptação dos segmentos marginais na mais burguesa e competitiva das cidades brasileiras.

O dado essencial de todo o processo de desagregação da ordem servil e senhorial foi, como nota corretamente Florestan Fernandes, o abandono do liberto à própria sorte (ou azar). Os antigos senhores, na sua imensa maioria, o Estado, a Igreja ou qualquer outra instituição, jamais se interessaram pelo destino do liberto. Este, imediatamente depois da abolição, se viu, agora, responsável por si e por seus familiares, sem que dispusesse dos meios materiais ou morais para sobreviver numa nascente economia competitiva de tipo capitalista e burguês. Ao negro, fora do contexto tradicional, restava o deslocamento social na nova ordem. Ele não apresentava os pressupostos sociais e psicossociais que são os motivos últimos do sucesso no meio ambiente concorrencial. Faltava-lhe vontade de se ocupar com as funções consideradas degradantes (que lhe lembravam o passado), pejo que os imigrantes italianos, por exemplo, não tinham; não eram suficientemente industriosos nem poupadores; e, acima de tudo, faltava-lhes o aguilhão da ânsia pela riqueza. Acrescentando-se o abandono dos libertos pelos antigos donos e pela sociedade, estava, de certo modo, prefigurado o destino da marginalidade social e da pobreza econômica.[3]

O quadro geral da pirâmide competitiva, na fase imediatamente posterior à abolição, era percebido do seguinte modo por Florestan: bem acima, na zona vital de preservação do poder nas mãos das antigas famílias proprietárias, o espaço aberto à competição era diminuto. Logo abaixo, no entanto, na esfera aberta pela livre empresa em expansão, prevalecia a ideia individualista e liberal do *"right man in the right*

---

3 *Ibidem*, p. 20.

O PROCESSO DE MODERNIZAÇÃO PERIFÉRICA E A CONSTITUIÇÃO...

place".[4] O estrangeiro, especialmente o imigrante italiano, aparecia aqui, nesse espaço recém-aberto, como a grande esperança nacional de progresso rápido. Nesse quadro, em que a realidade e a fantasia do preconceito se alimentavam reciprocamente, o imigrante europeu eliminava a concorrência do negro onde quer que se impusesse.[5] Para o negro, sem a oportunidade de classificação social burguesa ou proletária, restavam os interstícios e as franjas marginais do sistema como forma de preservar a dignidade de homem livre: o mergulho na escória proletária, no ócio dissimulado ou ainda na vagabundagem sistemática e na criminalidade fortuita ou permanente.

Eis o quadro que permite compreender o drama social da adaptação do liberto às novas condições. E aqui Florestan toca na questão central, para todo o seu argumento em sua obra, assim como para toda a construção do meu próprio argumento a seguir: a organização psicossocial, um pressuposto da atividade capitalista, que exige uma pré-socialização em um sentido predeterminado, a qual faltava, em qualquer medida significativa, ao ex-escravizado. A ânsia de se libertar das condições humilhantes da vida anterior tornava-o especialmente vulnerável a um tipo de comportamento reativo e ressentido em relação às demandas da nova ordem.

Assim, o liberto tendia a confundir as obrigações do contrato de trabalho e não distinguia a venda da força de trabalho da venda dos direitos substantivos à noção de pessoa jurídica livre.[6] Ademais, a recusa a certo tipo de serviço, a inconstância no trabalho, a indisciplina contra a supervisão, o fascínio por ocupações "nobilitantes" – tudo conspirava para o insucesso nas novas condições de vida e a confirmação do preconceito.

---

4 *Ibidem*, pp. 26-27.

5 *Ibidem*, p. 28.

6 *Ibidem*, p. 30.

A CONSTRUÇÃO SOCIAL DA SUBCIDADANIA

Florestan Fernandes percebe, portanto, e com notável acuidade, precisamente nas dificuldades de adaptação à nova ordem competitiva, a semente da marginalização continuada de negros e mulatos. Ele localiza essas dificuldades na esfera das condições psicossociais da personalidade: a) inadaptação do negro para o trabalho livre; e b) sua incapacidade de agir segundo os modelos de comportamento e personalidade da sociedade competitiva.[7] Na realidade, os dois fatores apontados por Fernandes se assomam a um único; o segundo ponto é a condição de possibilidade do primeiro. O lugar da instituição familiar é especialmente significativo nesse contexto. A tese de Florestan Fernandes é a de que a família negra não chega a se constituir como uma unidade capaz de exercer suas virtualidades principais de modelação da personalidade básica e controle de comportamentos egoísticos.[8] Existe aqui, nesse tema central da ausência da unidade familiar como instância moral e social básica, uma continuidade com a política escravocrata brasileira, que sempre procurou impedir qualquer forma organizada familiar ou comunitária da parte dos escravizados. É a continuidade de padrões familiares disruptivos, percebida corretamente por Florestan Fernandes, o fator decisivo para a perpetuação das condições de desorganização social de negros e mulatos.

Na realidade, a pauperização, acarretada pela inadaptação social, e a anomia, causada pela organização familiar disfuncional, condicionam-se mutuamente. A submersão nas lavouras de subsistência e a concentração nas então nascentes "favelas" das cidades seriam, para Florestan Fernandes, antes que fuga da realidade, uma espécie de "desespero mudo".[9] O conteúdo "irracional" dessas escolhas era claro para Fernandes, já que para ele não era passividade ou indiferença o que

---

7 *Ibidem,* pp. 137-221.
8 *Ibidem,* p. 154.
9 *Ibidem,* pp. 168-169.

estava na raiz do comportamento do negro, mas "escolha", ainda que desesperada, sem dúvida uma espécie de protesto mudo e inarticulado na própria autocondenação ao ostracismo, à dependência e à autodestruição. No contexto dominante de extrema privação, os códigos desviantes da norma apareciam como afirmação de individualidade e até heroísmo. Para não ser "otário", condenado aos "serviços de negro", invariavelmente perigosos e humilhantes,[10] os destinos de vagabundo, ladrão ou prostituta ofereciam perspectivas comparativamente maiores.

A anomia familiar fechava o círculo vicioso. Florestan Fernandes aponta a posição peculiar do sexo no mundo do negro como uma das causas principais da anomia nessa esfera. O próprio excesso de pessoas morando em cortiços e barracos de favelas facilitava todo tipo de relação incestuosa ou abusiva (os garotos sexualmente abusados pelos mais velhos). O filho natural e a mãe solteira, quase sempre jovem, eram os produtos mais comuns desse tipo de convivência. É nesse contexto que Fernandes inverte a mistificação popular do negro ou da mulata como "ávidos por sexo". Na realidade, "o sexo se erige na única área livre de exercício das aptidões humanas",[11] para esses grupos excluídos e marginalizados de tudo – menos do sexo (e do futebol, diríamos hoje) –, constituindo-se, então, o centro único que atrai todos os esforços e atenções. O vício do álcool é também percebido por Florestan Fernandes, assim como o sexo, como um fator de desorganização e autodestruição. As entrevistas elencadas no livro de Florestan Fernandes tendem a compor um quadro em que a sucessão de insucessos sociais e pessoais monta um contexto em que o alcoolismo se converte no sucedâneo do suicídio, quando o protesto contra a adversidade, percebida como fatalidade natural e até justa e inevitável, se vira contra a própria pessoa.[12]

---

10 *Ibidem,* pp. 142-143.
11 *Ibidem,* p. 218.
12 *Ibidem,* p. 169.

A CONSTRUÇÃO SOCIAL DA SUBCIDADANIA

Nesse quadro de desorganização, os velhos e inválidos se transformam em carga pesadíssima, enquanto os jovens e imaturos eram compelidos a se tornar, sem nenhum preparo, "donos do seu próprio nariz". As mulheres ainda tinham comparativamente mais chance de acesso ao mercado de trabalho do que os homens, pelo quase monopólio dos serviços domésticos, única área em que a competição com o imigrante não era significativa. Essa circunstância ajuda a explicar a endêmica "matrifocalidade" da família negra e pobre brasileira.[13] Fora os serviços domésticos, o único acesso fácil às mulheres era a baixa prostituição. Era difícil, mesmo às mulatas "mais bonitas", se alçarem à alta prostituição, já que, também nesse campo, mulatas e negras "valem menos".[14]

Sob todos os aspectos, a "família desorganizada" era a base dos desequilíbrios e da desorganização da vida em todas as suas dimensões. A socialização inadequada dos papéis familiares, a incerteza e a insegurança social que faziam expulsar de casa "as filhas que se perdiam", por exemplo, tudo isso militava no sentido de que a família não só não era uma base segura para a vida numa sociedade competitiva, mas também se transformava na causa dos mais variados obstáculos.

A vida familiar desorganizada, aliada à pobreza, era responsável por um tipo de individuação ultraegoísta e predatória.[15] Esse tipo de organização da personalidade, produto da desorganização familiar, reflete no egoísmo e na instrumentalização do "outro" (a mulher ou o mais jovem e indefeso), uma situação de sobrevivência tão agreste que mina, por dentro, qualquer vínculo de solidariedade, desde o mais básico na família até o comunitário e associativo mais geral.

A criança, que só tangencial, deformada e esporadicamente se via tratada como tal pela mãe, nos breves momentos em que ela permanecia

---

13 *Ibidem*, p. 200.
14 *Ibidem*, pp. 183-184.
15 *Ibidem*, p. 230.

O PROCESSO DE MODERNIZAÇÃO PERIFÉRICA E A CONSTITUIÇÃO...

em casa [...] raramente teria oportunidade de aprender a respeitar e a obedecer aos outros por amor. Vigorava um código rudemente egoísta e individualista: para sobreviver, o indivíduo precisava ser "sabido", mesmo nas relações com a mãe e com os irmãos.[16]

Esse aspecto é fundamental para meu argumento. O que Florestan está pleiteando é, na realidade, a meu ver, atribuir à constituição e reprodução de um *"habitus"* específico o lugar fundamental na explicação da marginalidade do negro no sentido de Pierre Bourdieu – a apropriação de esquemas cognitivos e avaliativos transmitidos e incorporados de modo pré-reflexivo e automático no ambiente familiar, desde a mais tenra idade, permitindo a constituição de redes sociais, também pré-reflexivas e automáticas, que cimentam solidariedade e identificação, por um lado, e antipatia e preconceito, por outro. Esse ponto é central posto que, se é a reprodução de um *"habitus* precário" a causa última da inadaptação e marginalização desses grupos, não é meramente "uma questão de cor da pele", como certas tendências empiricistas acerca da desigualdade brasileira tendem, hoje, a interpretar. Se há preconceito nesse terreno, e certamente há, e agindo de forma intransparente e virulenta, não é, antes de tudo, um preconceito de cor, mas sim um preconceito que se refere a certo tipo de "personalidade", julgada como improdutiva e disruptiva para a sociedade.

Esse aspecto central não é, todavia, percebido com clareza por Florestan Fernandes. Sem dúvida, ele tem o mérito de apontar, na sua busca das causas últimas da marginalidade da população negra, as precondições sociais independentes da cor que condicionam a situação de marginalidade. Ele percebe, por exemplo, que as condições de inadaptação da população negra são comparáveis às dos dependentes rurais brancos,[17] misturando esses dois elementos como se compusesse,

---

16 *Ibidem*, p. 208.
17 *Ibidem*, p. 148.

em conjunto, a "gentinha" ou a "ralé" nacional.[18] Afinal, como vimos no capítulo acerca da constituição peculiar do poder pessoal no Brasil, a situação dos negros escravizados era em tudo comparável à do branco (ou de qualquer outra cor) dependente ou agregado despossuído.

A cor da pele, nesse contexto, age, no máximo, como uma ferida adicional à autoestima do sujeito em questão. Mas o núcleo do problema é a combinação de abandono e inadaptação, destinos que atingiam ambos os grupos, *independentemente da cor*. Precisamente por confundir *habitus* no sentido que estamos utilizando neste texto (e que o próprio Florestan Fernandes havia revelado com tanta argúcia no peso relativo que atribui à desorganização familiar) com "cor da pele", ele é levado a imprecisões e paradoxos que se repetem em cascata na sua argumentação. Na realidade, todo o argumento de *A integração do negro na sociedade de classes* é tributário da ambiguidade fundamental, que confunde os dois aspectos postos em relevo aqui anteriormente, em relação à causa fundamental da situação de carência e marginalidade do negro. Fernandes supõe como causa primeira tanto a "escravidão interna" dentro do homem, que o impede de pensar e agir segundo os imperativos da nova ordem social;[19] quanto o preconceito de cor,[20] visto como uma realidade inercial, representando resíduos do passado que penetram na sociedade competitiva e que ele supõe, a partir de seu avanço e desenvolvimento, estejam destinados a desaparecer.[21]

Esses dois aspectos, apesar de interligados, são analiticamente duas realidades muito distintas. No contexto estamental e adscritivo da sociedade escravocrata, a cor funcionava como índice tendencialmente absoluto da situação servil, ainda que também assumisse formas mitigadas. Na sociedade competitiva, a cor funciona como índice relativo

---

18 *Ibidem*, p. 280.

19 *Ibidem*, p. 92.

20 *Ibidem*, pp. 283, 316.

21 Sobre o caráter passageiro e transitório da situação à época, ver Florestan Fernandes, *op. cit.*, 1978, pp. 144, 156.

de primitividade – sempre em relação ao padrão contingente do tipo humano definido como útil e produtivo no racionalismo ocidental e implementado por suas instituições fundamentais –, que pode ou não ser confirmado pelo indivíduo ou grupo em questão. O próprio Florestan relata sobejamente as inúmeras experiências de inadaptação ao novo contexto, determinadas, em primeiro plano, pela incapacidade de atender às demandas da disciplina produtiva do capitalismo.[22]

É de extrema importância, por razões teóricas e práticas, que se tenha clareza com relação a esse ponto. A confusão é muitas vezes obscurecida por motivos "políticos", dado que, acredita-se, a atribuição da marginalidade do negro a causas outras que não a cor e o racismo equivaleria a atribuir a "culpa" dessa condição periférica à sua vítima.

Ora, é precisamente o abandono secular do negro e do dependente de qualquer cor à própria sorte a "causa" óbvia de sua inadaptação. Foi esse abandono que criou condições perversas de eternização de um *habitus* precário, que constrange esses grupos a uma vida marginal e humilhante, à margem da sociedade incluída. No entanto, é necessário ter clareza teórica e prática acerca das causas reais da marginalização. É o tipo de explicação que enfatiza o dado secundário da cor – que permitiria, supostamente, atribuir a "culpa" da marginalização unicamente ao preconceito – que joga água no moinho da explicação economicista e evolucionista de tipo simples, que supõe ser a marginalização algo temporário, modificável por altas taxas de crescimento econômico, as quais, de algum modo obscuro, terminariam por incluir todos os setores marginalizados.

Esse tipo de explicação descura dos aspectos morais e políticos imprescindíveis a uma real estratégia inclusiva. Nenhuma das sociedades modernas que lograram homogeneizar e generalizar, em medida significativa, um tipo humano para todas as classes, como uma precondição para uma efetiva e atuante ideia de cidadania, conseguiu esse intento como efeito colateral unicamente do desenvolvimento econômico.

---

22 *Ibidem*, pp. 19-20, 25-26, 28-30, 50, 52, 58, 73, 82.

A CONSTRUÇÃO SOCIAL DA SUBCIDADANIA

Dentre as sociedades desenvolvidas, é a mais rica delas, a dos Estados Unidos, que apresenta maior índice de desigualdade e exclusão.[23] A marginalização permanente de grupos sociais inteiros tem a ver com a disseminação efetiva de concepções morais e políticas, que passam a funcionar como "ideias-força" nessas sociedades. É a explicação que atribui a marginalidade desses grupos a "resíduos" a serem corrigidos por variáveis economicamente derivadas – dominantes não só em Florestan Fernandes, mas em todo o debate nacional teórico e prático acerca do tema das causas e dos remédios da desigualdade – que mais bem contribuem para sua permanência e naturalização.

Na realidade, não é a continuação do passado no presente "inercialmente" que está em jogo – realidade destinada a desaparecer com o desenvolvimento econômico –, mas a redefinição "moderna" do negro (e do dependente ou agregado brasileiro rural e urbano de qualquer cor) como "imprestável" para exercer qualquer atividade relevante e produtiva no novo contexto que constitui o quadro da nova situação de marginalidade. A "inércia" aqui, como ocorre tão frequentemente, está, de fato, no lugar de uma "explicação". A questão que me parece essencial é: de que modo a transição do poder pessoal para o impessoal muda radicalmente as possibilidades de classificação e desclassificação social? O que está em jogo nessa passagem e nessa mudança tão radicais que expele como imprestáveis os segmentos responsáveis fundamentalmente pela produção econômica no regime anterior? Para uma resposta, o tema dos "resíduos"[24] e das "inércias"

---

23 Celi Scalon, *Wahrnehmung von Ungleichheiten*, 2003.

24 Todo raciocínio é tributário da sociologia da modernização tradicional, com sua crença na destruição gradual da "tradição", percebida precisamente como "resíduos" e "inércias", sob a forma de um evolucionismo de tipo simples e etapista. Não cabe aqui repetir argumentos que já sobejamente formulamos no início deste livro. Que seja lembrado apenas que essa assunção elimina de plano a consideração de sociedades periféricas, modernamente singulares, que se caracterizam pela perpetuação de situações de marginalidade e exclusão, produzidas e tornadas opacas e permanentes por condições de legitimação da desigualdade que se tornam eficazes apenas sob precondições especificamente modernas.

– especialmente por que se eternizaram e se mostraram, de fato, *ao contrário do que supunha o autor*, permanentes – não avança o nosso conhecimento.

Outro ponto de imprecisão que no fundo duplica a ambiguidade em relação à opção cor/*habitus* é a menção a coisas como "mundo branco" e "mundo negro". É como se fossem, ambos, realidades essenciais e independentes; como se a hierarquia valorativa que articulasse essa disjuntiva não fosse única e subordinasse tanto "brancos" quanto "negros". Da mesma forma que em relação ao tópico anterior, poderíamos refrasear a questão que formulamos e nos perguntar, afinal, o que está por trás das cores, especialmente da cor preta, que a torna um "índice" de alguma coisa, ao mesmo tempo mais fundamental e menos visível, e que se manifesta *por trás da cor*.

Se estou certo, não é, portanto, o apego à hierarquia anterior que produz o racismo e o transfere como "resíduo" à ordem social competitiva. Afinal, a ordem competitiva também não é "neutra" nessa dimensão do ponto de partida meritocrático, como parece implícito no argumento de Florestan Fernandes. A ordem competitiva também tem a "sua hierarquia", ainda que implícita, opaca e intransparente aos atores, e é com base nela, e não em qualquer "resíduo" de épocas passadas, que tanto negros quanto brancos sem qualificação adequada são desclassificados e marginalizados de forma permanente. Não é à toa que a legitimação da marginalização, nos depoimentos colimados em todo o livro pelo autor, venha sempre acompanhada da menção a aspectos conspícuos da hierarquia valorativa do racionalismo ocidental moderno: ausência de ordem, disciplina, previsibilidade, raciocínio prospectivo etc. O critério operante de classificação/desclassificação era tão colado na hierarquia valorativa implícita e impessoal da nova ordem social que é possível reconhecer, em vários depoimentos, a cor como aspecto secundário. Concebia-se, por exemplo, que o negro se "misturasse com o branco atrasado, que está à sua altura moral,

A CONSTRUÇÃO SOCIAL DA SUBCIDADANIA

intelectual".[25] Florestan Fernandes, no entanto, permanece preso à explicação dos "resíduos"[26] e não consegue incorporar vários desses depoimentos ao seu quadro explicativo, que se torna crescentemente ambíguo, impreciso e inconclusivo.

A resolução teórica desse imbróglio, com consequências práticas nada desprezíveis, exige a determinação precisa desse componente misterioso "por trás" da cor. Florestan já aponta o caminho a ser seguido por meio da alusão, recorrente em todo o seu trabalho, de que os negros efetivamente queriam se transformar e "ser gente". O termo nunca é definido claramente por Florestan Fernandes nem pelos informantes em suas entrevistas. Acredito, também nesse ponto, que para ultrapassarmos o uso meramente retórico do termo e lhe conferirmos densidade analítica, torna-se necessário ultrapassar a confusão entre *habitus* e cor. Afinal, o que os próprios informantes entendem por "ser gente" reflete, claramente, o que estamos percebendo como as precondições para a formação de um *habitus* adequado aos imperativos institucionais da nova ordem, independentemente de qualquer cor de pele.

> Um dos sujeitos das histórias de vida, que vivia com a mãe e a irmã, "ao deus dará", relata o deslumbramento que sentiu, por volta de 1911, ao passar a viver, aos dez anos, na casa de um italiano. Viu, então, "o que era viver no seio de uma família, o que entre eles [os italianos] era coisa séria". "Gostava porque comia na mesa..." e podia apreciar em que consistia "viver como gente".[27]

No mesmo sentido, temos estas declarações: "'Negro é gente e não tem que andar diferente dos outros' [...] 'Ser gente' só pode significar

---

25 Florestan Fernandes, *op. cit.*, 1978, p. 300.
26 *Ibidem*, pp. 144, 156, 181, 183, 280.
27 *Ibidem*, p. 174.

'ser igual ao branco' e para isso é preciso 'proceder como o branco', lançando-se ativamente na competição ocupacional."[28]

Mas, afinal, o que é, para além do sentido retórico, compreensível imediatamente de forma inarticulada por cada um de nós, mas que apresenta desafios aparentemente intransponíveis logo que pretendemos defini-lo de forma adequada, "ser gente"? A resposta é, na verdade, o tema central deste livro e pode nos ajudar a clarificar, em um sentido não retórico, categorias como "gente" e "subgente" e "cidadão" e "subcidadão". Tal resposta exige o esclarecimento simultâneo e prévio de duas questões: a) a reconstrução da hierarquia contingente e historicamente construída que serve de base, de forma opaca e inarticulada, à legitimação da desigualdade nos contextos central e periférico nas condições modernas; e b) o esclarecimento do seu modo específico de ancoramento institucional nas condições da modernização periférica.

---

28 *Ibidem*, p. 166.

10. A IDEOLOGIA ESPONTÂNEA DO CAPITALISMO TARDIO E A CONSTRUÇÃO SOCIAL DA DESIGUALDADE

O desafio deste capítulo é recuperar, para as condições concretas da modernidade central e periférica, a reflexão desenvolvida na primeira parte a partir das contribuições de Charles Taylor e Pierre Bourdieu. A escolha desses dois autores, vale a pena repetir, deve-se ao fato de que ambos se afastam tanto de uma sociologia subjetivista, que reduz a complexidade da realidade social à interação consciente entre seus membros; quanto de uma sociologia sistêmica, que "naturaliza" a realidade social e se torna incapaz de perceber seus sentidos opacos e tornados intransparentes à consciência cotidiana e científica – ou ainda de uma sociologia que essencializa a dimensão cultural, como nas teorias tradicionais e contemporâneas da modernização.

Para ambos, a sociedade moderna se singulariza precisamente pela produção de uma configuração, formada pelas ilusões do sentido imediato e cotidiano, que Taylor denomina de "naturalismo" e Bourdieu de "doxa", que produzem um "desconhecimento específico" dos atores acerca de suas próprias condições de vida. Também para ambos, apenas uma perspectiva hermenêutica, genética e reconstrutiva poderia restabelecer as efetivas, ainda que opacas e intransparentes, precondições da vida social numa sociedade desse tipo. No entanto, o desafio concreto aqui é o de articular, sistematicamente, também as unilateralidades de cada uma das perspectivas estudadas, de modo a torná-las operacionais no sentido de permitir perceber como moralidade e poder se

A CONSTRUÇÃO SOCIAL DA SUBCIDADANIA

vinculam de modo peculiar no mundo moderno, muito especialmente no contexto periférico.

Talvez o aspecto que mais explicite as deficiências da teoria bourdieusiana, e desnude a necessidade de vinculá-la a uma teoria objetiva da moralidade como a tayloriana, seja o radical contextualismo da sua análise da classe trabalhadora francesa, que o impede de perceber processos coletivos de aprendizado moral que ultrapassam e muito as barreiras de classe. Como pudemos observar na análise de Bourdieu sobre o caso francês, o patamar último de sua análise, que fundamenta uma infinidade de distinções sociais, é a situação de "necessidade" da classe operária. O que mostra o caráter histórico contingente e espaço-temporalmente contextual dessa "necessidade" é que ela se refere à distinção de hábitos de consumo na dimensão de pacificação social típicos do *welfare state*. O que é visto como "necessidade", nesse contexto, comparando-se a sociedades periféricas como a brasileira, adquire o sentido de consolidação histórica e contingente de lutas políticas e aprendizados sociais e morais múltiplos de efetiva e fundamental importância, os quais passam desapercebidos enquanto tais para Bourdieu.

Assim, gostaria de propor uma subdivisão interna à categoria do *habitus* de tal modo a conferir-lhe um caráter histórico mais matizado, inexistente na análise bourdieusiana, e acrescentar, portanto, uma dimensão genética e diacrônica à temática da constituição do *habitus*. Assim, em vez de falarmos apenas de *habitus* genericamente, aplicando-o a situações específicas de classe num contexto sincrônico, como faz Bourdieu, creio ser mais interessante e rico para meus propósitos abordar a pluralidade de *habitus*. Se o *habitus* representa a incorporação, nos sujeitos, de esquemas avaliativos e disposições de comportamento a partir de uma situação socioeconômica estrutural, então mudanças fundamentais na estrutura econômico-social devem implicar, consequentemente, mudanças qualitativas importantes no tipo de *habitus* para todas as classes sociais envolvidas de algum modo em tais mudanças.

A IDEOLOGIA ESPONTÂNEA DO CAPITALISMO TARDIO E A CONSTRUÇÃO...

Certamente foi o caso da passagem das sociedades tradicionais para as sociedades modernas no Ocidente. A burguesia, como primeira classe dirigente na história que trabalha, logrou romper com a dupla moral típica das sociedades tradicionais baseadas no código da honra e construir, pelo menos em uma medida apreciável e significativa, uma homogeneização de tipo humano a partir da generalização de sua própria economia emocional das classes dominadas – domínio da razão sobre as emoções, cálculo prospectivo, autorresponsabilidade etc. Esse processo se deu em todas as sociedades centrais do Ocidente das mais variadas maneiras. Em todos as sociedades que lograram homogeneizar um tipo humano transclassista, esse foi um desiderato, como vimos, perseguido de forma consciente e decidida, e não deixado a uma suposta ação automática do progresso econômico. Assim sendo, esse gigantesco processo histórico homogeneizador – posteriormente ainda mais aprofundado pelas conquistas sociais e políticas da própria classe trabalhadora, o qual certamente não equalizou todas as classes em todas as esferas da vida, mas sem dúvida generalizou e expandiu dimensões fundamentais da igualdade nas dimensões civis, políticas e sociais, como examinadas por Marshall em seu célebre texto – pode ser percebido como um gigantesco processo de aprendizado moral e político de profundas consequências.

Esse processo histórico de aprendizado coletivo não é adequadamente tematizado por Bourdieu em seu estudo empírico acerca da sociedade francesa. Ele representa o que gostaria de denominar de *habitus* primário, de modo a chamar atenção a esquemas avaliativos e disposições de comportamento objetivamente internalizados e "incorporados" (no sentido bourdieusiano do termo), que permite compartilhar uma noção de "dignidade" efetivamente já compartilhada no sentido tayloriano. É essa "dignidade", efetivamente compartilhada por classes que lograram homogeneizar a economia emocional de todos os seus membros numa medida significativa, que me parece ser o fundamento profundo do reconhecimento social infra e ultrajurídico, o qual, por

A CONSTRUÇÃO SOCIAL DA SUBCIDADANIA

sua vez, permite a eficácia social da regra jurídica da igualdade e, portanto, da noção moderna de cidadania. É essa dimensão da "dignidade" compartilhada, no sentido não jurídico de "levar o outro em consideração", e que Taylor chama de "respeito atitudinal",[1] que tem de estar disseminada de forma efetiva numa sociedade, para que possamos dizer que nessa sociedade concreta temos a dimensão jurídica da cidadania e da igualdade garantida pela lei. Para que haja eficácia legal da regra de igualdade é necessário que a percepção da igualdade na dimensão da vida cotidiana esteja efetivamente internalizada.

Essa dimensão exige, portanto, um efetivo consenso valorativo transclassista como condição de existência, não percebido enquanto tal por Bourdieu. É essa ausência que lhe permite pensar as relações entre as classes dominantes e dominadas como relações especulares, reativas e de soma zero. A radical contextualidade de seu argumento o impede de perceber a importância de conquistas históricas desse tipo de sociedade, como a francesa, as quais tornam-se óbvias, por comparação, com sociedades periféricas, como a brasileira, onde tal consenso inexiste. Portanto, ao chamar de *habitus* primário a generalização das precondições sociais, econômicas e políticas do sujeito útil, "digno" e cidadão, no sentido tayloriano de reconhecido intersubjetivamente como tal, eu o faço para diferenciá-lo analiticamente de duas outras realidades também fundamentais: o *habitus* precário e o que gostaria de denominar *habitus* secundário.

O *habitus* precário seria o limite do *habitus* primário para baixo, ou seja, aqueles tipos de personalidade e de disposições de comportamento que não atendem às demandas objetivas para que, seja um indivíduo, seja um grupo social, possa ser considerado produtivo e útil em uma sociedade de tipo moderno e competitivo, podendo gozar de reconhecimento social com todas as suas dramáticas consequências existenciais e políticas. Para alguns autores, mesmo sociedades afluentes como a

---

1 Charles Taylor, *Sources of the Self,* 1989, p. 15.

A IDEOLOGIA ESPONTÂNEA DO CAPITALISMO TARDIO E A CONSTRUÇÃO...

alemã já apresentam agora segmentos de trabalhadores e de pobres que vivem do seguro social precisamente com esses traços de um *habitus* precário,[2] na medida em que o que estamos chamando de *habitus* primário tende a ser definido segundo os novos patamares adequados às recentes transformações da sociedade globalizada e da nova importância do conhecimento. No entanto, essa definição só ganha o estatuto de fenômeno de massa permanente em países periféricos como o Brasil.

O que estamos chamando de *habitus* secundário tem a ver com o limite do *habitus* primário para cima, ou seja, com uma fonte de reconhecimento e respeito social que *pressupõe*, no sentido forte do termo, a generalização do *habitus* primário para amplas camadas da população de uma dada sociedade. O *habitus* secundário já parte da homogeneização dos princípios operantes na determinação do *habitus* primário e institui, por sua, vez, critérios classificatórios de distinção social a partir do que Bourdieu chama de "gosto". Mas a determinação conceitual precisa dessa diferenciação triádica da noção de *habitus*; deve ser acoplada à discussão tayloriana das fontes morais ancoradas institucionalmente no mundo moderno, seja no centro, seja na periferia, para sua adequada problematização. Como a categoria de *habitus* primário é a mais básica, na medida em que é a partir dela que se tornam compreensíveis seus limites "para baixo" e "para cima", devemos nos deter ainda um pouco na sua determinação.

Usaremos as investigações de Reinhard Kreckel para tentar levar a noção de *habitus* primário a um patamar mais concreto de análise. Parto da pressuposição de que a noção de Kreckel de "ideologia do desempenho"[3] permite pensar a dimensão sociológica da produção de distinção social a partir da força objetiva de ideia de dignidade do agente racional, como proposto por Taylor. Afinal, as pessoas não são aquinhoadas equitativamente com o mesmo reconhecimento social por sua "dignidade de

---

2 Uwe Bittlingmayer, *Transformation der Notwendigkeit*, 2002, pp. 225-254.

3 Reinhard Kreckel, *Politische Soziologie der sozialen Ungleichheit*, 1992, pp. 67-106.

A CONSTRUÇÃO SOCIAL DA SUBCIDADANIA

agente racional". Essa dimensão não é tão "rasa" como a simples dimensão política dos direitos subjetivos universalizáveis e intercambiáveis sugere. Como vimos, a dimensão jurídica da proteção legal é apenas uma das dimensões – apesar de fundamental e importantíssima – desse processo de reconhecimento. Se é o trabalho útil, produtivo e disciplinado que parece estar por trás da "avaliação objetiva do valor relativo" de cada qual, então o potencial encobridor de desigualdades por trás da noção de "dignidade" do agente racional deve se manifestar mais facilmente nessa dimensão.

A "ideologia do desempenho" de Kreckel é uma tentativa de elaborar um princípio único, para além da mera propriedade econômica, a partir do qual se constitui a mais importante forma de legitimação da desigualdade no mundo contemporâneo. A ideia subjacente a esse argumento é que teria de haver um "pano de fundo consensual" (*Hintergrundkonsens*) acerca do valor diferencial dos seres humanos, de tal modo que possa existir uma efetiva – ainda que subliminarmente produzida – legitimação da desigualdade. Sem isso, o caráter violento e injusto da desigualdade social se manifestaria de forma clara e a olho nu.

Para ele, a ideologia do desempenho baseia-se na "tríade meritocrática" que envolve qualificação, posição e salário. A qualificação, refletindo a extraordinária importância do conhecimento com o desenvolvimento do capitalismo, é o primeiro e mais importante ponto que condiciona os outros dois. A ideologia do desempenho é uma "ideologia" na medida em que não apenas estimula e premia a capacidade de desempenho objetiva, mas legitima o acesso diferencial permanente a chances de vida e apropriação de bens escassos.[4] Apenas a combinação da tríade da ideologia do desempenho faz do indivíduo um "sinalizador" completo e efetivo do "cidadão completo" (*Vollbürger*). A tríade torna também compreensível por que apenas a partir da categoria "trabalho" é possível se assegurar de identidade, autoestima e reconhecimento social.

---

4 *Ibidem*, p. 98.

A IDEOLOGIA ESPONTÂNEA DO CAPITALISMO TARDIO E A CONSTRUÇÃO...

O desempenho diferencial no trabalho tem que se referir a um indivíduo e só pode ser conquistado por ele próprio. Apenas quando essas precondições estão dadas o indivíduo obtém sua identidade pessoal e social de forma completa.

Isso explica por que uma dona de casa, por exemplo, passa a ter um status social objetivamente "derivado", ou seja, sua importância e seu reconhecimento social dependem de seu pertencimento a uma família ou a um marido. Torna-se dependente de critérios adscritivos, já que no contexto meritocrático da ideologia do desempenho ela não possuiria valor autônomo.[5] A atribuição de respeito social nos papéis sociais de produtor e cidadão passa a ser mediada pela abstração real já produzida por mercado e Estado aos indivíduos pensados como "suporte de distinções", que estabelecem seu valor relativo. A explicitação de Kreckel acerca das precondições para o reconhecimento objetivo dos papéis de produtor e cidadão é fundamental não apenas para se referir ao mundo do mercado e da distribuição de recursos escassos como perpassado por valores, como faz Nancy Fraser, por exemplo, mas também para explicitar quais são tais valores.

Afinal, o poder legitimador do que Kreckel chama de ideologia do desempenho determinará aos sujeitos e grupos sociais excluídos de plano seu não reconhecimento social e sua ausência de autoestima, pela falta de pressupostos mínimos para uma competição bem-sucedida, dessa dimensão, objetivamente. A ideologia do desempenho funcionaria, assim, como uma espécie de legitimação subpolítica incrustada no cotidiano, refletindo a eficácia de princípios funcionais ancorados em instituições opacas e intransparentes como mercado e Estado. Ela é intransparente, posto que "aparece" à consciência cotidiana como efeito de princípios universais e neutros, abertos à competição meritocrática. Essa ideia ajuda a conferir concretude àquilo que Taylor chamava de "fonte mo-

---

5 *Ibidem*, p. 100.

A CONSTRUÇÃO SOCIAL DA SUBCIDADANIA

ral" a partir da noção de "*self* pontual", embora seu poder ideológico e produtor de distinções não seja explicitamente tematizado por ele.

A partir da definição e da constituição de uma ideologia do desempenho como mecanismo legitimador dos papéis de produtor e cidadão, que equivalem, na reconstrução que estou propondo, ao conteúdo do *habitus* primário, é possível compreender melhor o seu limite "para baixo", ou seja, o *habitus* precário. Assim, se o *habitus* primário implica um conjunto de predisposições psicossociais – refletindo, na esfera da personalidade, a presença da economia emocional e das precondições cognitivas para um desempenho adequado ao atendimento das demandas (variáveis no tempo e no espaço) do papel de produtor, com reflexos diretos no papel do cidadão, sob condições capitalistas modernas –, a ausência dessas precondições, em alguma medida significativa, implica a constituição de um *habitus* marcado pela precariedade.

Habitus precário pode se referir tanto a setores mais tradicionais da classe trabalhadora de países desenvolvidos e afluentes, como a Alemanha, como aponta Uwe Bittlingmayer em seu estudo,[6] incapazes de atender as novas demandas por contínua formação e flexibilidade da "sociedade do conhecimento" (*Wissensgesellschaft*), que exige, agora, uma ativa acomodação aos novos imperativos econômicos, quanto, também, a uma secular ralé brasileira, tratada no já citado livro de Florestan Fernandes. Nos dois casos, a formação de todo um segmento de inadaptados – um fenômeno marginal em sociedades como a alemã, e um fenômeno de massas numa sociedade periférica como a brasileira – é resultante da ampliação da definição do que estamos chamando de *habitus* primário.

No caso alemão, a disparidade entre *habitus* primário e *habitus* precário é causada pelas demandas crescentes por flexibilização, o que exige uma economia emocional de tipo peculiar. No caso brasileiro, o abismo se cria, já no limiar do século XIX, com a "re-europeização"

---

6 Uwe Bittlingmayer, *op. cit.*, 2002, p. 233.

A IDEOLOGIA ESPONTÂNEA DO CAPITALISMO TARDIO E A CONSTRUÇÃO...

do país e se intensifica, a partir de 1930, com o início do processo de modernização em grande escala. Nesse caso, a linha divisória passa a ser traçada entre os setores "europeizados" – ou seja, que lograram se adaptar às novas demandas produtivas e sociais – e "não europeizados" – que tenderam, por seu abandono, a uma crescente e permanente marginalização.

Como o princípio básico do consenso transclassista é, como vimos, o princípio do desempenho e da disciplina (a fonte moral do *self* pontual para Taylor), sua aceitação e internalização generalizada passam a fazer com que a inadaptação e a marginalização desses setores possam ser percebidas, tanto pela sociedade incluída como também pelas próprias vítimas, como um "fracasso pessoal". É também a centralidade universal do princípio do desempenho, com sua consequente incorporação pré-reflexiva, que faz com que a reação dos inadaptados se dê num campo de forças que se articula precisamente em relação ao tema do desempenho: positivamente, pelo reconhecimento da intocabilidade de seu valor intrínseco, apesar da própria posição de precariedade; e negativamente, pela construção de um estilo de vida reativo, ressentido ou abertamente criminoso e marginal.[7]

Já o limite do *habitus* primário "para cima" tem a ver com o fato de que o desempenho diferencial na esfera da produção precisa ser associado a uma "estilização da vida" peculiar, de modo a produzir distinções sociais. Ou seja, o desempenho diferencial não é apenas, nem primariamente talvez, uma fonte de "valorização social" (*soziale Wertschätzung*), que estimula os laços de solidariedade social, como propõe Axel Honneth,[8] mas também, em grande medida, fonte de distinções sociais que se nutrem do contexto de opacidade e de aparente neutralidade, parte integrante da ideologia do desempenho, para

---

7 Florestan Fernandes, *op. cit.*, 1978, p. 94.

8 Axel Honneth, *Kampf um Annerkenung*, 1990, p. 203.

A CONSTRUÇÃO SOCIAL DA SUBCIDADANIA

estabelecer distinções sociais que tendem a se "naturalizar" como efeito da opacidade peculiar de suas condições de existência.

O que estamos chamando de *habitus* secundário seria precisamente o que Pierre Bourdieu teria em mente com seu estudo sobre as sutis distinções. É nessa dimensão que o "gosto" passa a ser uma espécie de moeda invisível, transformando tanto o capital econômico puro quanto, muito especialmente, o capital cultural, "travestidos em desempenho diferencial", a partir da ilusão do "talento inato", em um conjunto de signos sociais de distinção legítima, a partir dos efeitos típicos do contexto de opacidade em relação às suas condições de possibilidade.

Mas, também aqui, é necessário acrescentar a dimensão objetiva da moralidade, que permite, em última instância, todo o processo de fabricação de distinções sociais, o qual, como vimos na primeira parte deste livro, é descurado por Bourdieu. Assim, também o conceito de *habitus* secundário[9] deve ser vinculado, a exemplo do que fizemos com o conceito de *habitus* primário e precário, ao contexto moral – ainda que opaco e naturalizado –, que lhe confere eficácia. Se percebemos na ideologia do desempenho, enquanto corolário da "dignidade do ser racional" do *self* pontual tayloriano, o fundamento moral implícito e naturalizado das duas outras formas de *habitus* que distinguimos, o *habitus* secundário pode ser compreendido em sua especificidade, antes de tudo, a partir da noção tayloriana de expressividade e autenticidade.

O ideal romântico da autenticidade, que o Taylor de *As fontes do self* interpreta como uma fonte moral alternativa ao "*self* pontual" e o princípio do desempenho que o comanda, na medida em que implica

---

9 Axel Honneth, em sua interessante crítica a Bourdieu, tende a rejeitar *in toto* o conceito de *habitus*, dado o componente instrumental e utilitário que o habita. Ao fazer isso, no entanto, Honneth corre o risco de "jogar a criança fora junto com a água suja do balde", como os alemães gostam de dizer em um provérbio popular, na medida em que o que me parece importante é reconectar o conceito de *habitus* com uma instância moral que permita iluminar, nas dimensões individual e coletiva, também, além do dado instrumental que é irrenunciável, o tema do aprendizado moral. *Ver* Axel Honneth, *Die zerissene Welt der symbolischen Formen*, 1990, p. 171.

a reconstrução narrativa de uma identidade singular, para a qual não há modelos preestabelecidos, vive o perigo de se transformar no seu contrário nas condições atuais. O mote do diagnóstico da época levado a cabo por Taylor em *A ética da autenticidade* é precisamente a ameaça crescente de trivialização desse ideal, do seu conteúdo dialógico e de autoinvenção, em favor de uma perspectiva autorreferida simbolizada no que o autor chama de "*quick fix*" (solução rápida).[10]

O tema do "gosto", como a base das distinções sociais fundadas no que estamos chamando de *habitus* secundário, compreende tanto o horizonte da individualização conteudística, baseada no ideal da identidade original dialógica e narrativamente constituída, quanto o processo de individuação superficial baseado no *quick fix*. Bourdieu não percebe a diferença entre as duas formas, já que para ele, por força de suas escolhas categoriais, como vimos, a estratégia da distinção é sempre utilitária e instrumental. Para meus fins, no entanto, essa diferença é fundamental. Afinal, a recuperação da dimensão objetivada, trabalhada por Taylor, é o que explica, em última instância, o apelo e a eficácia social, inclusive da versão massificada e pastiche dessa possibilidade de individuação.

A personificação do "gosto" para Bourdieu serve, antes de tudo, para definir a "personalidade distinta", que aparece como resultado de qualidades inatas e expressão de harmonia e beleza, e da reconciliação de razão e sensibilidade – a definição do indivíduo perfeito e acabado.[11] As lutas entre as diversas frações de classe ocorrem pela determinação da versão socialmente hegemônica do que é uma personalidade distinta e superior. A classe trabalhadora, que não participa dessas lutas pela definição do critério hegemônico de distinção, seria um mero negativo da ideia de personalidade, quase como uma "não pessoa", como as especulações de Bourdieu acerca da redução de trabalhadores à pura força física

---

10 Charles Taylor, *The Ethics of Authenticity*, 1991a, p. 35.
11 Pierre Bourdieu, *Distinction*, 1984, p. 11.

A CONSTRUÇÃO SOCIAL DA SUBCIDADANIA

deixa entrever.[12] Mas acredito que justamente aqui o contextualismo de Bourdieu se mostra em seus limites e em sua perspectiva "a-histórica". Uma comparação entre as realidades francesa e brasileira pode ilustrar melhor o que imagino a partir da distinção entre *habitus* primário e secundário e a importância dessa diferenciação para uma percepção adequada das especificidades das modernidades central e periférica. Desse modo, se estou certo, seria a efetiva existência de um consenso básico e transclassista, representado pela generalização das precondições sociais que possibilitam o compartilhamento efetivo, nas sociedades avançadas, o que estou chamando de *habitus* primário. Isso faz com que, por exemplo, um alemão ou um francês de classe média que atropele um seu compatriota das classes baixas seja, com altíssima probabilidade, efetivamente punido de acordo com a lei. Mas se um brasileiro de classe média atropela um brasileiro pobre da ralé, por sua vez, as chances de que a lei seja efetivamente aplicada nesse caso são, ao contrário, baixíssimas. Isso não significa que as pessoas, nesse último caso, não se importem de alguma maneira com o ocorrido. O procedimento policial é geralmente aberto e segue seu trâmite burocrático, mas o resultado é, na imensa maioria dos casos, simples absolvição ou penas dignas de mera contravenção.

É que na dimensão infra e ultrajurídica do respeito social objetivo compartilhado socialmente, o valor do brasileiro pobre *não europeizado* – ou seja, que não compartilha da economia emocional do *self* pontual, que é criação cultural contingente da Europa e da América do Norte – é comparável ao que se confere a um animal doméstico, caracterizando objetivamente seu status sub-humano. Existe, em países periféricos como o Brasil, toda uma classe de pessoas excluídas e desclassificadas, dado que elas não participam do contexto valorativo de fundo – o que Taylor chama de "dignidade" do agente racional. Tal contexto é a condição da possibilidade para um efetivo compartilhamento, por todos, da

---

12 *Ibidem*, p. 384.

ideia de igualdade nessa dimensão fundamental para a constituição de um *habitus*. Por incorporar características disciplinarizadoras, plásticas e adaptativas básicas para o exercício de funções produtivas no contexto do capitalismo moderno, poderíamos chamá-lo de "*habitus* primário".

Permitam-me precisar melhor essa ideia central para todo o meu argumento neste livro. Falo de *habitus* primário, dado que se trata de um *habitus* no sentido que essa noção adquire em Bourdieu. São esquemas avaliativos compartilhados objetivamente, ainda que opacos e quase sempre irrefletidos e inconscientes, que guiam nossa ação e nosso comportamento efetivo no mundo. É apenas esse tipo de consenso, como que corporal, pré-reflexivo e naturalizado, que pode permitir, para além da eficácia jurídica, uma espécie de acordo implícito, que sugere (como no exemplo do atropelamento no Brasil) que algumas pessoas e classes estão acima da lei e outras abaixo. Há como que uma rede invisível que une desde o policial que abre o inquérito até o juiz que decreta a sentença final, passando por advogados, testemunhas, promotores, jornalistas etc. E todos, por meio de um acordo implícito e jamais verbalizado, terminam por inocentar o atropelador. O que liga todas essas intencionalidades individuais de forma subliminar e que conduz ao acordo implícito é o fato objetivo e ancorado institucionalmente do não valor humano, posto que é precisamente o valor diferencial entre os seres humanos que está atualizado de forma inarticulada em todas as nossas práticas institucionais e sociais.

Não se trata de intencionalidade. Nenhum brasileiro europeizado de classe média confessaria, em sã consciência, que considera seus compatriotas das classes baixas não europeizadas "subgente". Grande parte dessas pessoas vota em partidos de esquerda e participa de campanhas contra a fome e coisas do gênero. A dimensão aqui é objetiva, subliminar, implícita e intransparente. Ela é implícita também no sentido de que não precisa ser linguisticamente mediada ou simbolicamente articulada. Ela implica, como a ideia de *habitus* em Bourdieu, toda uma visão de mundo e uma hierarquia moral que se sedimenta e se mostra como signo social

A CONSTRUÇÃO SOCIAL DA SUBCIDADANIA

de forma imperceptível a partir de signos sociais aparentemente sem importância – como a inclinação respeitosa e inconsciente do inferior social quando encontra com um superior, pela tonalidade da voz mais do que pelo que é dito etc. O que existe aqui são acordos e consensos sociais mudos e subliminares, mas por isso mesmo tanto mais eficazes, que articulam, como que por meio de fios invisíveis, solidariedades e preconceitos profundos e ocultos. É esse tipo de acordo que está por trás do fato de que todos os envolvidos no processo policial e judicial sobre a morte por atropelamento do "sub-homem" não europeizado, sem qualquer acordo consciente e até contrariando expectativas explícitas de muitas dessas pessoas, terminem por inocentar seu compatriota de classe média.

Bourdieu não percebe, pelo seu radical contextualismo que implica um componente "a-histórico", a existência do componente transclassista. Em sociedades como a francesa, isso faz com que exista um acordo intersubjetivo e transclassista que pune, efetivamente, o atropelamento de um francês de classe baixa, posto que ele é, efetivamente, na dimensão subpolítica e subliminar, "gente" e "cidadão pleno", não apenas força física e muscular ou mera tração animal. É a existência desse componente, no entanto, que explica por que todos são cidadãos na sociedade francesa, numa dimensão fundamental, independentemente da pertença de classe. Isso não implica, contudo, que não existam outras dimensões da questão da desigualdade que se manifestam de forma também velada e intransparente, como tão bem demonstrado por Bourdieu em sua análise da sociedade francesa. Mas a temática do gosto, como separando as pessoas por vínculos de simpatia e aversão, pode e deve ser analiticamente diferenciada da questão da dignidade fundamental da cidadania jurídica e social, que estou associando aqui ao que chamo de *habitus* primário.

A distinção a partir do gosto, tão magistralmente reconstruída por Bourdieu, pressupõe, no caso francês, um patamar de igualdade efetiva na dimensão tanto do compartilhamento de direitos fundamentais quanto na dimensão do respeito atitudinal de que fala Taylor, no sentido de que todos são percebidos como membros "úteis", ainda que desiguais em outras dimensões. Em outras palavras, à dimensão do que estamos chamando *habitus* primário se acrescenta uma outra, que também pressupõe a existência de esquemas avaliativos implícitos e inconscientes compartilhados, ou seja, corresponde a um *habitus* específico no sentido de Bourdieu.

Essas duas dimensões obviamente se interpenetram de várias maneiras. No entanto, podemos e devemos separá-las analiticamente na medida em que obedecem a lógicas distintas de funcionamento. Como diria Taylor, as fontes morais são distintas em cada caso. No caso do *habitus* primário o que está em jogo é a efetiva disseminação da noção de dignidade do agente racional, que o torna agente produtivo e cidadão pleno. Em sociedades avançadas, essa disseminação é efetiva e os casos de *habitus* precário, fenômenos marginais. Em sociedades periféricas como a brasileira, o *habitus* precário, que implica a existência de redes invisíveis e objetivas que desqualificam os indivíduos e grupos sociais precarizados como subprodutores e subcidadãos (sob a forma de uma evidência social insofismável, tanto para os privilegiados como para as próprias vítimas da precariedade), é um fenômeno de massa e justifica minha tese de que o que diferencia substancialmente esses dois tipos de sociedade é a produção social de uma "ralé estrutural" nas sociedades periféricas. Essa circunstância não elimina que, nos dois tipos de sociedade, exista a luta pela distinção baseada no que chamo de *habitus* secundário, que tem a ver com a apropriação seletiva de bens e recursos escassos e constitui contextos cristalizados e tendencialmente permanentes de desigualdade. Mas a consolidação efetiva, em grau significativo, das precondições sociais que permitem a generalização de um *habitus* primário nas sociedades centrais torna a subcidadania, enquanto fenômeno de massa, restrita apenas às sociedades periféricas, marcando sua especificidade como sociedade moderna e chamando atenção para o conflito de classes específico da periferia.

A CONSTRUÇÃO SOCIAL DA SUBCIDADANIA

O esforço dessa construção múltipla de *habitus* serve para ultrapassar concepções subjetivistas da realidade que a reduzem às interações face a face. A mesma situação do atropelamento, já abordada, por exemplo, seria "explicada" pelo paradigma personalista hibridista,[13] a partir do capital social em "relações pessoais" do atropelador de classe média, que terminaria levando à impunidade. Esse é um exemplo típico do despropósito subjetivista de se interpretar sociedades periféricas complexas e dinâmicas, como a brasileira, como se o papel estruturante coubesse a princípios pré-modernos como o capital social em relações pessoais. Nesse terreno, não há qualquer diferença entre países centrais ou periféricos. Relações pessoais são importantes, na definição de carreiras e chances individuais de ascensão social, tanto num caso como no outro. Nos dois tipos de sociedade, no entanto, os capitais econômico e cultural são estruturantes, o que o capital social de relações pessoais não é.

O conceito de *habitus*, desde que acrescentado de uma concepção não essencialista de moralidade ancorada em instituições fundamentais, permite tanto a percepção dos efeitos sociais de uma hierarquia atualizada de forma implícita e opaca – e por isso mesmo tanto mais eficaz – quanto a identificação do seu potencial segregador e constituidor de relações naturalizadas de desigualdade em várias dimensões, variando com o tipo de sociedade analisado. Tal conceito parece um recurso fundamental, desde que complementado com uma hermenêutica do sentido e da moralidade, como a que Taylor nos oferece.

---

13 Na versão, por exemplo, já citada neste trabalho, de um Roberto DaMatta.

11. A ESPECIFICIDADE DA DESIGUALDADE PERIFÉRICA

Se o argumento desenvolvido anteriormente estiver correto, a assunção, muitas vezes apenas implícita, da resolução dos conflitos sociais decorrentes da desigualdade na distribuição de recursos escassos, no contexto do *welfare state* das sociedades avançadas, mostra-se exageradamente otimista. Mas é certamente no âmbito das sociedades periféricas que a desigualdade social, em todas as suas dimensões, assume proporções e formas particularmente virulentas. Em especial, na dimensão que estamos chamando de "*habitus* primário", esfera onde o reconhecimento social dos papéis sociais de produtor e cidadão é, como vimos, definido. Enquanto a generalização de um "*habitus* precário" nas sociedades avançadas é um fenômeno circunscrito e limitado, a sua generalização como fenômeno de massas em sociedades periféricas como a brasileira é suficiente para condenar cerca de 1/3 de uma população de quase 210 milhões de pessoas a uma vida marginal nas dimensões existencial, econômica e política.

Essa condição parece-me constituir a principal distinção entre esses dois tipos de sociedade, as avançadas e as periféricas, e não a pressuposição. Para sociedades periféricas complexas e dinâmicas como a brasileira, de personalismos, patrimonialismos e resíduos pré-modernos compondo realidades "híbridas", o exercício da "ideologia do desempenho" se dá de forma sub-reptícia, sutil e silenciosa a partir de uma prática reproduzida irrefletidamente nos diversos *habitus,* com escolhas, distinções e distanciamentos como que pré-embutidos em um princípio de realidade simbólico ancorado e reproduzido institucionalmente. Assim, a opacidade da dominação, também sob condições modernamente periféricas, é autodestrutiva para os grupos afetados com um "*habitus* precário", na medida em que a autorrepresentação e a autoestima, socialmente construídas, levam inexoravelmente ao que Taylor havia definido como a consequência da ausência de reconhecimento social: "Ausência de reconhecimento não significa apenas falta do devido respeito a alguém. Ela inflige feridas profundas, atingindo suas vítimas com um autodesprezo mutilador."[1] Uma dessas formas de feridas profundas parece-me a aceitação da situação de precariedade como legítima e até merecida e justa, fechando o círculo do que gostaria de chamar de "naturalização da desigualdade", mesmo de uma desigualdade abissal como a da sociedade brasileira.

A crítica weberiana ao conceito de classe em Marx é interessante nesse contexto, na medida em que se concentra precisamente na negação do automatismo entre a situação de classe e a possível constelação de interesses que se cria a partir dela. Para Weber, apenas quando a situação de classes é percebida, não como um fato natural e tendencialmente imutável, ou seja, apenas quando é "desnaturalizada", é que podemos falar na possibilidade de uma articulação política visando à superação dessa condição.[2] A meu ver, é a circunstância da "naturalização" da desigualdade periférica, que não chega à consciência de suas vítimas, precisamente por ser construída segundo as formas impessoais e peculiarmente opacas e intransparentes, devido à ação, também no âmbito do capitalismo periférico, de uma "ideologia espontânea do capitalismo" que traveste o arranjo social dado como se fosse o único possível, transformando o que é contingente e particular em algo supostamente universal e neutro.

---

1 Charles Taylor, "The Politics of Recognition", 1994, p. 26.
2 Reinhard Kreckel, *op. cit.*, 1992, p. 59.

A ESPECIFICIDADE DA DESIGUALDADE PERIFÉRICA

É precisamente a união das duas pontas do argumento que permite reconstruir a ação dessa "ideologia espontânea" no mundo moderno, seja no centro, seja na periferia do sistema – nomeadamente, a explicação da gênese da hierarquia valorativa que a preside e comanda, por um lado, e a identificação dos signos visíveis de sua eficácia na vida cotidiana, por outro, que tonaram a união das contribuições de Taylor e Bourdieu tão importantes para a construção do meu argumento. É apenas a partir da reconstrução da lógica opaca dessa dominação simbólica subpolítica incrustada no cotidiano que se compreende como em sociedades democraticamente abertas como a brasileira, sob o ponto de vista formal, é possível a reprodução cotidiana de índices de desigualdade inéditos em todo o globo entre as sociedades complexas de algum tamanho.

É apenas a partir da percepção da existência dessa dominação simbólica subpolítica, que traz de forma inarticulada uma concepção acerca do valor diferencial dos seres humanos, que o ancoramento institucional, no cerne de instituições fundamentais como mercado e Estado, permite a imposição objetiva, através de prêmios e castigos empíricos associados ao funcionamento dessas instituições – sob a forma de salários, lucro, emprego, repressão policial, imposto etc. Isso ocorre independentemente de qualquer intencionalidade individual, de toda uma concepção de mundo e de vida contingente e historicamente produzida sob a máscara da neutralidade e da objetividade inexorável. Essa hierarquia valorativa implícita e ancorada institucionalmente de forma invisível enquanto tal é que define quem é ou não "gente", sempre segundo seus critérios contingentes e culturalmente determinados, e, por consequência, quem é ou não cidadão – na medida em que, como vimos, a eficácia da regra da igualdade que constitui a noção de cidadania precisa estar efetivamente internalizada e incorporada pré-reflexivamente, também nessa dimensão subpolítica da opacidade cotidiana, para ter validade efetiva.

A CONSTRUÇÃO SOCIAL DA SUBCIDADANIA

Desse modo, compreende-se por que o desejo ingente dos excluídos entrevistados por Florestan Fernandes em seu estudo fosse precisamente o de "ser gente", como ele incansavelmente repete em seu livro. "Gente" e "cidadão pleno" vão ser apenas aqueles indivíduos e grupos que se identificam com a concepção de ser humano contingente e culturalmente determinada que "habita", de forma implícita e invisível à consciência cotidiana, a hierarquia valorativa subjacente à eficácia institucional de instituições fundamentais como Estado e mercado e que constitui o cerne da dominação simbólica subpolítica que perpassa todos os nossos comportamentos e ações cotidianos. Esse contexto estava, de forma obviamente inarticulada, presente na maneira como os informantes de Florestan percebiam a si e aos outros.

Em sociedades periféricas modernizadas de fora para dentro, como a brasileira, "gente" vai ser o "europeu". Embora em São Paulo, cidade analisada por Florestan em seu estudo, o referente empírico da "europeidade" seja efetivamente um "europeu", no caso o imigrante italiano, essa relação não é, de modo algum, necessária. Com a designação de "europeu" não estou me referindo, obviamente, à entidade concreta "Europa"; muito menos a um fenótipo ou tipo físico. Trata-se do lugar e da fonte histórica da concepção culturalmente determinada de ser humano na ação empírica de instituições como mercado competitivo e Estado racional centralizado, as quais, a partir da Europa, literalmente "dominam o mundo" em todos os seus rincões, como exemplarmente mostra o caso brasileiro.

O "europeu" e a "europeidade", mais uma vez, para evitar mal-entendidos, percebidos como o referente empírico de uma hierarquia valorativa peculiar, que pode, por exemplo, como no caso do Rio de Janeiro do século XIX, ser personificada por um "mulato", vai se transformar na linha divisória que separa "gente" de "não gente" e cidadão de "subcidadão". É o atributo da "europeidade", no sentido preciso que estamos utilizando este termo, que irá segmentar em classificados e desclassificados sociais, sociedades periféricas modernizadas exoge-

220

namente como a brasileira. Estou convencido de que o mesmo vale para o que chamei de "nova periferia", de modo a nomear um conjunto de sociedades como as latino-americanas, resguardadas as peculiaridades históricas e regionais, que se constituem, como sociedades complexas, sob o impacto direto da expansão mundial da Europa.

Mesmo naqueles grupos sociais como os dos ex-escravizados e dos dependentes rurais e urbanos de qualquer cor e etnia, que não foram abrangidos pelo impacto modernizador da chegada da "Europa" entre nós, e que poderiam, portanto, ser percebidos como "resíduos" pré-modernos, passam a ser englobados – ainda que como desclassificados – pela lógica totalizadora do novo padrão simbólico e institucional que se instaura para ficar e transformar em algo novo tudo que existia antes. A versão moderna dessa "ralé", portanto, não é mais oprimida por uma relação de dominação pessoal que tem na figura e nas necessidades do senhor seu núcleo e referência, como vimos na análise de Freyre e Carvalho Franco. No contexto impessoal moderno, também no periférico, são redes invisíveis de crenças compartilhadas pré-reflexivamente acerca do valor relativo de indivíduos e grupos, ancoradas institucionalmente e reproduzidas cotidianamente pela ideologia simbólica subpolítica incrustrada nas práticas do dia a dia, que determinam, agora, seu lugar social. Essas redes, sem dúvida, não eliminam as relações de dependência, mas lhes dão um novo conteúdo e uma nova dinâmica, envolvendo tanto "doadores de favores" quanto "receptores de proteção" num quadro de referência que a ambos ultrapassa.

A explicação recorrente do "resíduo" pré-moderno não percebe a questão maior e mais fundamental que o próprio Florestan, em outro livro, havia denominado de procura pelo "padrão de civilização dominante". É esse padrão dominante que irá hierarquizar, segundo princípios agora impessoais e intransparentes, as antigas relações pessoais de acordo com sua própria lógica de reprodução. Com o fim do período transicional, que mantinha uma realidade efetivamente dual tendencialmente moderna nas cidades e tradicional no campo, temos,

A CONSTRUÇÃO SOCIAL DA SUBCIDADANIA

a partir de 1930, a entronização da lógica da dominação material e simbólica tipicamente impessoal e opaca do capitalismo, também na periferia, que engloba e redimensiona, segundo sua própria lógica, todas as relações sociais.

Na verdade, o paradigma do personalismo, nas suas roupagens tradicionais ou contemporâneas, representa uma concepção subjetivista de análise sociológica, na medida em que as relações sociais são percebidas segundo o paradigma da interação face a face. Ao retirar de plano a análise do contexto objetivo do que estamos chamando neste livro de "ideologia espontânea do capitalismo", todas as variantes desse tipo de enfoque teórico se deixam cegar por uma concepção de sociedade que se reduz à intencionalidade dos agentes. Pior ainda: como essa dimensão de análise intencionalista se recobre perfeitamente com a consciência vulgar da vida cotidiana, esse tipo de explicação retira boa parte de sua plausibilidade e seu poder de convencimento precisamente da mera articulação mais elaborada de crenças e preconceitos que perpassam a vida cotidiana. Sob essa base, o que é efetivamente construído é uma "pseudoteoria".[3]

Isso é particularmente visível na relação de complementariedade entre as críticas do senso comum e dessas teorias dos "resíduos" pré-modernos que tentam decifrar as causas das mazelas sociais que afligem sociedades periféricas como a brasileira. A atribuição vulgar generalizada de uma suposta desonestidade e um particularismo da classe política ou da sociedade como um todo, como um seu vício culturalista de origem, enquanto "explicação" geral das mazelas sociais que nos singulariza, equivale precisamente à elaboração, apenas "um pouco mais sofisticada", do personalismo como "herança cultural" secular que se mantém inalterada, sabe lá Deus como, em contextos institucionais completamente distintos. A tese do patrimonialismo, no fundo uma

---

3 Uma exposição crítica detalhada desta tese foi levada a cabo em Jessé Souza, *A modernização seletiva*, 2000.

A ESPECIFICIDADE DA DESIGUALDADE PERIFÉRICA

derivação institucionalizada do personalismo, apenas confirma esse raciocínio. As modernas teorias do "hibridismo" representam, no fundo, uma versão "modernizada" do personalismo, na medida em que também são obrigadas a levar em consideração as inegáveis consequências do vigoroso processo de transformação social que modificou a estrutura econômica, social e política de sociedades periféricas dinâmicas como a brasileira. Mas as duas realidades são percebidas como grandezas "paralelas", sem que a questão sociológica central da articulação e da dominância relativa dos princípios estruturantes em jogo seja jamais enfrentada.

No entanto, existe uma íntima relação entre uma "interpretação adequada da realidade" e um enfrentamento adequado dos "problemas práticos e políticos" que assolam sociedades periféricas como a brasileira. O foco distorcido e exagerado de "cruzadas contra a corrupção", como se não fosse um problema de qualquer sociedade moderna, seja central ou periférica;[4] a ênfase em reformas administrativas, como se o problema central fosse apenas de gestão eficaz de recursos; a ênfase nos desníveis regionais, levando a uma luta contra "as elites retrógradas", como se as regiões mais modernas fossem livres dos mesmos problemas; e, acima de tudo, a crença "fetichista" no poder da economia em resolver todos os problemas – tudo isso me parece corolário do tipo de análise que estamos criticando.

Todas essas ênfases deslocadas, ainda que certamente possam obter resultados inegavelmente positivos topicamente, sempre passam ao largo da contradição principal desse tipo de sociedade, que, aos meus olhos, tem a ver com a constituição de uma gigantesca "ralé" de inadaptados às demandas da vida produtiva e social, uma legião de "imprestáveis", no sentido sóbrio e objetivo desse termo, com as também óbvias consequências existenciais, na condenação de dezenas de milhões a uma vida trágica sob o ponto de vista material e espiritual, e sociopolíticas, como

---

4 Robert Bellah *et al.*, *Habits of the Heart*, 1985, pp. 207-208.

A CONSTRUÇÃO SOCIAL DA SUBCIDADANIA

a endêmica insegurança pública e marginalização política e econômica desses setores. A crença fetichista no poder mágico do progresso econômico fez com que se supusesse que o crescimento econômico, por si só,[5] pudesse ter um efeito inclusivo fundamental, pelo menos até os anos 1980, quando a estagnação econômica sucedeu os cinquenta anos anteriores do "milagre econômico".

Essa crença é tão renitente que mesmo a óbvia "comprovação empírica" da conjugação do rápido e continuado progresso econômico com taxas quase que inalteradas de exclusão e marginalidade, que caracterizou a história brasileira durante boa parte do século XX, parece não ter provocado qualquer mudança de mentalidade. Assim, em vez de supor uma "esquematização" do processo de modernização brasileiro, por suas heranças personalistas pré-modernas, pelos motivos já sobejamente discutidos aqui, creio que a determinação da singularidade desse tipo de sociedade tem a ver com a especificidade da forma como a modernização se produziu em combinação com uma "esquematização" executada pela ubíqua herança escravocrata – que também condiciona a vida do dependente de qualquer cor, como vimos – que naturaliza a existência e a percepção de "subgente", no sentido não retórico que estamos usando aqui, ainda que sob condições especificamente modernas.

A "importação" do capitalismo de "fora para dentro" e a partir, antes de tudo, de suas "práticas institucionais" – sem o contexto ideacional, de fundo moral, religioso e cognitivo que na Europa transformou-se em fermento revolucionário, o qual acompanhou a entronização da lógica econômica do capitalismo e logrou modificar e generalizar, por conta de ideias morais, religiosas e políticas um patamar de igualdade efetivo, infra e ultrajurídico – teve, no Brasil, outro destino. Aqui, a importação das "práticas institucionais" foi meramente acompanhada de "ideologias pragmáticas" como o liberalismo, o qual funcionou como uma espécie

---

5 Até mesmo um teórico do calibre de Florestan Fernandes, por razões compreensíveis, dada a força do impacto modernizante de então, foi presa, como vimos, dessa ilusão.

A ESPECIFICIDADE DA DESIGUALDADE PERIFÉRICA

de "graxa simbólica" destinada a facilitar a introdução pragmática do mundo dos contratos e da representação elitista no contexto primitivo e personalista anterior, mas que sempre encontrou seu limite em qualquer expansão realmente generalizante desses mesmos princípios.

Essa circunstância também condiciona a dimensão limitada que a "terceira instituição fundamental do mundo moderno", além de Estado e mercado, a esfera pública,[6] assume entre nós. Em todas as grandes mudanças políticas no Brasil, a começar com a agitação abolicionista, a galvanização de ideias e sentimentos coletivos, na incipiente esfera pública que aqui se constituía, foi um componente fundamental. Sempre foi o lócus a partir do qual se deu a difícil e custosa expansão da participação política e social dos setores excluídos. Primeiro a expansão da participação política e econômica dos "setores médios", na agitação pré-1930, como vimos; depois, a inclusão política também dos setores organizados do proletariado qualificado das indústrias multinacionais de ponta e da infraestrutura estatal, que teve de esperar até o limiar dos anos 1980 para sua participação autônoma com sindicatos independentes e reivindicativos, e um partido próprio, o Partido dos Trabalhadores (PT), hoje no poder.

Mas a contradição de interesses de classe mais importante na modernidade periférica parece dever sua especificidade ao fato de que não se articula, como seus principais contendores, com trabalhadores e burgueses, mas sim com uma "ralé" de excluídos, por um lado, e todos os estratos incluídos, sejam trabalhadores, técnicos ou empresários, por outro. A mera inclusão no mercado, nos benefícios do Estado, e a entrada com voz autônoma na esfera pública, torna os setores, antes marginais, privilegiados incluídos. Mas, ao contrário de algumas análises excessivamente otimistas acerca do papel da esfera pública no Brasil, esta revela-se tão segmentada, e pelos mesmos motivos, quanto o

---

6 Essa tese é defendida, ainda que implicitamente, em Jürgen Habermas, *Die Strukturwandel der Öffentlichkeit*, 1975.

A CONSTRUÇÃO SOCIAL DA SUBCIDADANIA

acesso ao mercado e à instância estatal. Os novos instrumentos da luta da classe trabalhadora organizada não são porta-vozes dos interesses genericamente difusos da plebe desorganizada.

Essa dimensão da desorganização e da imersão pré-política da "ralé" nos obriga a voltar nossa atenção à dinâmica entre "práticas" e "ideias". É que, para além da "ideologia espontânea do capitalismo", que "secreta" de forma impessoal e intransparente toda uma concepção de mundo e de valor diferencial dos seres humanos, existe também, como atributo dos processos modernos de formação nacional, uma ideologia "explícita" e articulada que funciona como uma dimensão alternativa e autônoma de formação de identidades, coletiva e individual, e, portanto, também de solidariedade coletiva e grupal.

No caso da *"nation-building"* brasileira, processo que alcança sua consolidação definitiva apenas com o Estado corporativo e arregimentador de 1930, a dimensão da ideologia explícita apenas corrobora e justifica a dimensão implícita da "ideologia espontânea", constituindo as condições específicas de um "imaginário social" brasileiro. Gilberto Freyre – que se não foi o iniciador, pois muito antes essa construção simbólica já vinha se constituindo e ganhando contornos mais ou menos claros – foi o grande formulador da "versão definitiva" dessa ideologia explícita que se torna "doutrina de Estado", passando a ser ensinada nas escolas e disseminada nas mais diversas formas de propaganda estatal e privada a partir de 1930. Como vimos, a leitura freyriana da singularidade brasileira aponta para a afirmação de uma excepcionalidade sociocultural, em parte herdada de Portugal, mas aqui desenvolvida até seus limites lógicos na ideia de uma "democracia racial" (ou social, como Freyre prefere em outros textos). Essa democracia implicaria, para Freyre, uma forma de "racionalismo específico", para falar com Max Weber, ou seja, uma forma culturalmente peculiar de constituir a relação homem/mundo em todas as suas dimensões possíveis.

Na versão de Freyre, o componente relativista e historicista é levado às últimas consequências (talvez por influência do componente

A ESPECIFICIDADE DA DESIGUALDADE PERIFÉRICA

romântico na tradição antropológica de Franz Boas, definido por ele próprio como seu principal mestre).[7] Isso fica claro na sua proposição de que a democracia racial ou social é mais ampla e vale como uma versão culturalmente comparável à democracia "meramente política" dos norte-americanos. Acredito que exista uma razão político-ideológica clara que explica tanto o esforço dirigido de Freyre em construir uma "narrativa mítica" para o país (acho que essa seria a melhor definição do conteúdo de um livro como *Casa-grande e senzala*), uma espécie de refundação da nação e da nacionalidade, quanto também boa parte da extraordinária influência dessa obra.

Esse contexto prévio me parece fundado pela ideologia dominante no período imediatamente anterior que supunha, por seus pressupostos racistas, ambiguamente ou não compartilhados por todos os nossos melhores intérpretes durante a segunda metade do século XIX e primeiras décadas do século passado, que *sociedades mestiças* como a brasileira estavam condenadas ao subdesenvolvimento. *Casa-grande e senzala* inverte esse argumento ao celebrar o encontro racial como algo positivo, não como mácula inarredável. De resto, como ideologia – e aqui não importa nenhuma forma consciente de irmandade ou inimizade entre os indivíduos Freyre e Getúlio – se presta maravilhosamente aos novos fins de integração ideológica como uma das pilastras da arrancada econômica proposta pelo Estado Novo.

Como ideólogo, Gilberto Freyre, no entanto, apenas inverte especularmente a baixa autoestima em orgulho nacional. Como toda inversão especular, no entanto, essa também é reativa e está de algum modo ligada ao seu contrapolo. Faltam-lhe distância crítica e, portanto, o exercício de uma autocrítica reflexiva que efetivamente mudassem os termos do debate. A crítica do raciocínio negativista e pessimista com relação às potencialidades do país exigiria, certamente, não a

---

7 Esse tema, em Franz Boas, é amplamente discutido em George W. Stocking, *Volksgeist as method and ethic*, 1996.

A CONSTRUÇÃO SOCIAL DA SUBCIDADANIA

sua inversão numa "maior civilização dos trópicos" ou "contribuição singular à civilização", mas sim um ato de distanciamento reflexivo que propiciasse uma autocrítica construtiva e evitasse a identificação narcisicamente primitiva da personalidade do pesquisador com sua própria cultura.

Segundo Freyre, nós, brasileiros, não só fomos agraciados pelo destino do encontro cultural que por definição nos enriquece, mas nos transformamos em campeões do hibridismo cultural. Nossa singularidade passa a ser a propensão para o encontro cultural, a síntese das diferenças, a unidade na multiplicidade. É por isso que somos únicos e especiais no mundo. Devemos, portanto, ter orgulho, não vergonha. Uma maior afinidade com a doutrina corporativa que passa a imperar, em substituição ao liberalismo anterior, a partir de 1930, é difícil de ser imaginada. Também pelos mesmos motivos é difícil imaginar ideologia mais eficaz no nosso país. Ela hoje faz parte de nossa identidade. Todos nós "gostamos" de nos ver dessa forma. A ideologia adquire um aspecto emocional insensível à ponderação racional, e têm-se raiva e ódio de quem problematiza essa verdade tão agradável aos nossos ouvidos. A influência dessa ideia sobre a forma como o país se vê e se percebe é impressionante.

A partir da influência de Freyre, essa concepção tem uma história de glória. Por meio do conceito de "plasticidade", importado diretamente de Freyre, passa a ser central em todo o argumento do *homem cordial* de Sérgio Buarque de Holanda. Tal noção, por sua vez, é central na sua concepção do personalismo e do patrimonialismo, representando a singularidade valorativa e institucional da formação social brasileira. Com isso, Sérgio Buarque se transforma no criador da autointerpretação dominante dos brasileiros no século XX. Para meus interesses aqui, convém relevar a ideia do *homem cordial* reproduzindo a essencialização e desdiferenciação características da ideia de hibridismo e de singularidade cultural como uma unidade substancializada. O *homem cordial* é definido como o brasileiro de todas as classes, uma forma específica

228

A ESPECIFICIDADE DA DESIGUALDADE PERIFÉRICA

de ser gente humana, que tem sua vertente tanto intersubjetiva, na noção de personalismo, quanto uma dimensão institucional, na noção de patrimonialismo.

Para meus objetivos, no entanto, o fundamental é que essa ideologia explícita se articula com o componente implícito da "ideologia espontânea" das práticas institucionais importadas e operantes também na modernidade periférica, construindo um extraordinário contexto de obscurecimento das causas da desigualdade, seja para os privilegiados, seja, também, e muito especialmente, para as vítimas desse processo. Esse é o ponto central da questão da *naturalização* da desigualdade. Ele explica, também, o fato de que o potencial insurrecional da ralé[8] durante todo o século XIX até hoje se reduz a rebeliões localizadas e passageiras, quebradeiras, arrastões e violência pré-política onde a articulação consciente de seus objetivos jamais chega a ocorrer.

Como também no âmbito da reflexão metódica, a dominância continuada do paradigma do personalismo, em suas novas variações fenomênicas, foi acompanhada, no Brasil, pela proliferação, a partir de 1970, de teorias de médio alcance combinadas com a tendência à parcelização do conhecimento – que por definição não se preocupam com os encadeamentos teóricos mais profundos das próprias categorias que utilizam ou com o esclarecimento dos pressupostos de suas análises e conclusões. Há um fechamento do horizonte para a problematização do que percebo como as causas da "naturalização da desigualdade" e da construção social da "subcidadania" em sociedades periféricas como a brasileira, algo que me parece especialmente desafiador.

---

8 O Movimento dos Trabalhadores Rurais Sem Terra (MST) seria, nesse sentido, uma novidade histórica.

Referências bibliográficas

ARAÚJO, Ricardo Benzaquen. *Guerra e paz: Casa-grande e senzala e a obra de Gilberto Freyre nos anos 1930*. São Paulo: Editora 34, 1993.

AVRITZER, Leonardo. *Democracy and the Public Sphere in Latin America*. Princeton: Princeton University Press, 2002.

BANFIELD, Edward C. *The Moral Basis of a Backward Society*. Nova York: Free Press, 1967.

BELLAH, Robert. *The Tokugawa Religion*. Nova York: Free Press, 1985.

_____. *The Broken Covenant: American Civil Religion in a Time of Trial*. Chicago: Chicago University Press, 1992.

BELLAH, Robert *et al. Habits of the Heart: Individualism and Commitment in American Life*. Nova York: Harper Row, 1985.

BELL, Daniel. *The Coming of the Post-Industrial Society*. Nova York: Basic Books, 1973.

BENHABIB, Seyla. *The Claims of Culture: Equality and Diversity in the Global Era*. Princeton: Princeton University Press, 2002.

_____. *Kulturelle vielfalt und demokratische Gleichheit*. Frankfurt: Fischer, 1999.

BERGER, Johannes. "Die Versprachlichung des Sakralen und die Entsprachlichung der Ökonomie". *In:* JOAS, Hans; HONNETH, Axel (orgs.). *Kommunikatives Handelns: Beiträge zu Jürgen Habermas Theorie des kommunikativen Handelns*. Frankfurt: Suhrkamp, 1986.

BITTLINGMAYER, Uwe. "Transformation der Notwendigkeit: prekarisierte habitusformen als Kehrseite der 'Wissensgesellschaft'". *In:* EICKELPASCH, Rolf *et al.* (org.). *Theorie als Kampf? Zur politischen Soziologie Pierre Bourdieus.* Opladen: Leske und Budrich, 2002.

BOURDIEU, Pierre. *Distinction.* Cambridge: Harvard University Press, 1984.

————. *The Theory of Praxis.* Stanford: Stanford University Press, 1990.

————. *Die verborgenen Mechanismen der Macht.* Hamburgo: VSA, 1997.

BRONFEN, Elisabeth *et al. Hybride Kulturen: Beiträge zur anglo-amerikanischen Multikulturalismusdebatte.* Tübingen: Stauffenberg, 1997.

CANCLINI, Nestor Garcia. *Culturas híbridas.* São Paulo: Edusp, 1998.

COHN, Gabriel. *Crítica e resignação.* São Paulo: Queiroz, 1979.

DAMATTA, Roberto. *Carnavais, malandros e heróis.* Rio de Janeiro: J. Zahar, 1978.

DEGLER, Carl. *Neither Black Nor White: Slavery and Race Relations in Brazil and United States.* Madison: Wisconsin University Press, 1971.

DUMONT, Louis. *Homo Hierarchicus.* São Paulo: Edusp, 1996.

EISENSTADT, Shmuel. *Die Vielfalt der Moderne.* Weilerswirst: Velbrück, 2000.

————. *Fundamentalism, Sectarianism and Revolution: The Jacobin Dimension of Modernity.* Cambridge: Cambridge University Press, 1999.

————. "The Axial Age Breakthroughs: Their Characteristics and Origins". *In:* ————. *The Origins and Diversity Od Axial Age Civilizations.* Nova York: State university of NY press, 1984.

————. *The Protestant Ethic and Modernization: A Comparative View.* Nova York: Basic Books, 1968.

REFERÊNCIAS BIBLIOGRÁFICAS

_____. *Tradition, Wandel und Modernität*. Frankfurt: Suhrkamp, 1979.

ELIAS, Norbert. *Über den Prozess der Zivilisation, II*. Frankfurt: Suhrkamp, 1986.

FERNANDES, Florestan. *A integração do negro na sociedade de classes*. São Paulo: Ática, 1978.

_____. *A revolução burguesa no Brasil: ensaio de interpretação sociológica*. 3. ed. Rio de Janeiro: Guanabara, 1987.

FRANCO, Maria Sylvia de Carvalho. *Homens livres na ordem escravocrata*. São Paulo: Unesp, 1997.

FRASER, Nancy. "From redistribution to recognition?". *In*: ___. *Justice Interruptus*. Nova York: Routledge, 1997.

FREYRE, Gilberto. *Casa-grande e senzala*. Lisboa: [s.n.], 1957.

_____. *Novo mundo nos trópicos*. São Paulo: Editora Nacional; Edusp, 1969.

_____. *Ordem e progresso*. Rio de Janeiro: Record, 1990a.

_____. *Sobrados e mucambos*. Rio de Janeiro: Record, 1990b.

FREUD, Sigmund. "Drei Abhandlungen zur Sexualtheorie". *In*: ___. *Studienausgabe*. Frankfurt: Fischer, 1984. v. V (Gesammelte Werke).

FROMM, Erich. "Sozialpsychologischer Teil". *In*: _____. *Studien über Autorität und Familie*. Lüneburg: Dietrich zu Klampen, 1987.

GRINBERG, Keyla. *O fiador dos brasileiros: cidadania, escravidão e direito civil no tempo de Antônio Pereira Rebouças*. Rio de Janeiro: Civilização Brasileira, 2002.

HABERMAS, Jürgen. *Die Strukturwandel der Öffentlichkeit*. Frankfurt: Suhrkamp, 1975.

_____. *Die zerrissene Welt des Sozialen*. Berlim: Suhrkamp Verlag, 1990.

_____. *Technik und Wissenschaft als Ideologie*. Frankfurt: Suhrkamp, 1969.

HONNETH, Axel. "Die zerissene Welt der symbolischen Formen: Zum kultursoziologischen Werk Pierre Bourdieus". *In:* ___. *Die zerissene Welt des Sozialen*. Frankfurt: Suhrkamp, 1990.

_____. *Kampf um Annerkenung*. Frankfurt, Suhrkamp, 1992.

_____. "Recognition or Distribution? Changing Perspectives on the Moral Order of Society". *Theory, Culture and Society,* London, v. 18 (2-3), p. 43-55, 2001.

HUNTINGTON, Samuel. *O choque de civilizações*. Rio de Janeiro: Objetiva, 1996.

INGLEHART, Ronald. *Cultural Shift in Advanced Industrial Society*. Princeton: Princeton University Press, 1990.

_____. *Modernization and Postmodernization*. Princeton, Princeton University Press, 1997.

KNÖBL, Wolfgang. *Spielräume der Modernisierung*. Weilerswirst: Velbrück, 2002.

KRECKEL, Reinhard. *Politische Soziologie der sozialen Ungleichheit*. Frankfurt: Campus, 1992.

LIMA, Oliveira. *D. João VI no Brasil*. Rio de Janeiro: Topbooks, 1996.

MÜLLER, Hans-Peter. *Sozialstruktur und Lebensstile: Der neuere theoretische Diskurs über soziale Ungleichheit*. Frankfurt: Suhrkamp, 1997.

PAIVA, Ângela. *Católico, protestante, cidadão: uma comparação entre Brasil e Estados Unidos*. Belo Horizonte: UFMG, 2002.

RAMOS, Graciliano. *São Bernardo*. Rio de Janeiro: Record, 2002.

ROSA, Hartmut. *Identität und kulturelle Praxis: Politische Philosophie nach Charles Taylor*. Frankfurt: Campus, 1998.

REFERÊNCIAS BIBLIOGRÁFICAS

SANTOS, Wanderley Guilherme dos. *Décadas de espanto e uma apologia democrática*. Rio de Janeiro: Rocco, 1998.

SCALON, Celi. "Wahrnehmung von Ungleichheiten: Eine International vergleichende Analyse", [não publicado], 2003.

SCHLUCHTER, Wolfgang. *Die Entwicklung des okzidentalen Rationalismus*. Tübingen: J. C. B. Mohr, 1979.

SIMMEL, Georg. *Die philosophie des Geldes*. Frankfurt: Suhrkamp, 1989.

SMITH, Nicholas. *Charles Taylor: Meaning, Morals and Modernity*. Cambridge: Polity Press, 2002.

SOUZA, Jessé. *A classe média no espelho*. Rio de Janeiro: Estação Brasil, 2018.

———. *A elite do atraso*. Rio de Janeiro: Estação Brasil, 2018.

———. *A herança do golpe*. Rio de Janeiro: Civilização Brasileira, 2022a.

———. *A modernização seletiva:* uma reinterpretação do dilema brasileiro. Brasília, EdUnb, 2000.

———. *A ralé brasileira*. Rio de Janeiro: Civilização Brasileira, 2022b.

———. *Brasil dos humilhados*. Rio de Janeiro: Civilização Brasileira, 2022c.

———. *Como o racismo criou o Brasil*. Rio de Janeiro: Estação Brasil, 2021.

STOCKING, George W. *Volksgeist as Method and Ethic: Essays on Boasian Ethnography and the German Anthropological Tradition*. Madison: Wisconsin University Press, 1996.

TAYLOR, Charles. *Sources of the Self: The Making of the Modern Identity*. Cambridge: Harvard University Press, 1989. [Ed. bras. Charles Taylor. *As fontes do self: a construção da identidade moderna*. São Paulo: Edições Loyola, 1997.]

A CONSTRUÇÃO SOCIAL DA SUBCIDADANIA

_____. *The Ethics of Authenticity*. Cambridge: Harvard University Press, 1991a. [Ed. bras. Charles Taylor. *A ética da autenticidade*. São Paulo: É Realizações, 2011.]

_____. *Modernity and the Rise of the Public Sphere*. Stanford: McGill University, 1991b. (The Tanner Lectures on Human Values, n. 14).

_____. "To Follow a Rule". *In:* CALHOUN, Craig *et al.* (orgs.). *Bourdieu: Critical Debates*, Chicago: Chicago University Press, 1993.

_____. "The Politics of Recognition". *In:* GUTMANN, Amy. *Multiculturalism*. Princeton: Princeton University Press, 1994.

_____. *Modern Social Imaginaries*. Durham: Duke University Press, 2003.

THOMPSON, Edward Palmer. *The Making of the English Working Class*. Nova York: Vintage Books, 1966.

WEBER, Eugen. *Peasants into Frenchmen: The Modernization of Rural France*. Stanford: Stanford University Press, 1976.

WEBER, Max. *Die protestantische Ethik*. Tübingen: J. C. B. Mohr, 1948.

_____. *Die Wirtschaftsethik der Weltreligionen: hinduismus und buddhismus*. Tübingen: J. C. B. Mohr, 1999.

_____. *Die Wirtschaftsethik der Weltreligionen: konfuzianismus und taoismus*. Tübingen: J. C. B. Mohr, 1991.

WERNECK VIANNA, Luiz. "Weber e a interpretação do Brasil". *In:* SOUZA, Jessé (org.). *O malandro e o protestante: a tese weberiana e a singularidade cultural brasileira*. Brasília: EdUnb, 1998.

_____. *Liberalismo e sindicato no Brasil*. Belo Horizonte: UFMG, 1999.

WILLETT, Cynthia. *Theorizing Multiculturalism: A Guide to a Current Debate*. Oxford: Blackwell, 1998.

Este livro foi composto na tipografia Class-Garmnd BT, em corpo 11/16, e impresso em papel off-white no Sistema Cameron da Divisão Gráfica da Distribuidora Record.